DAS TAL DER GOLDENEN MUMIEN

Zahi Hawass

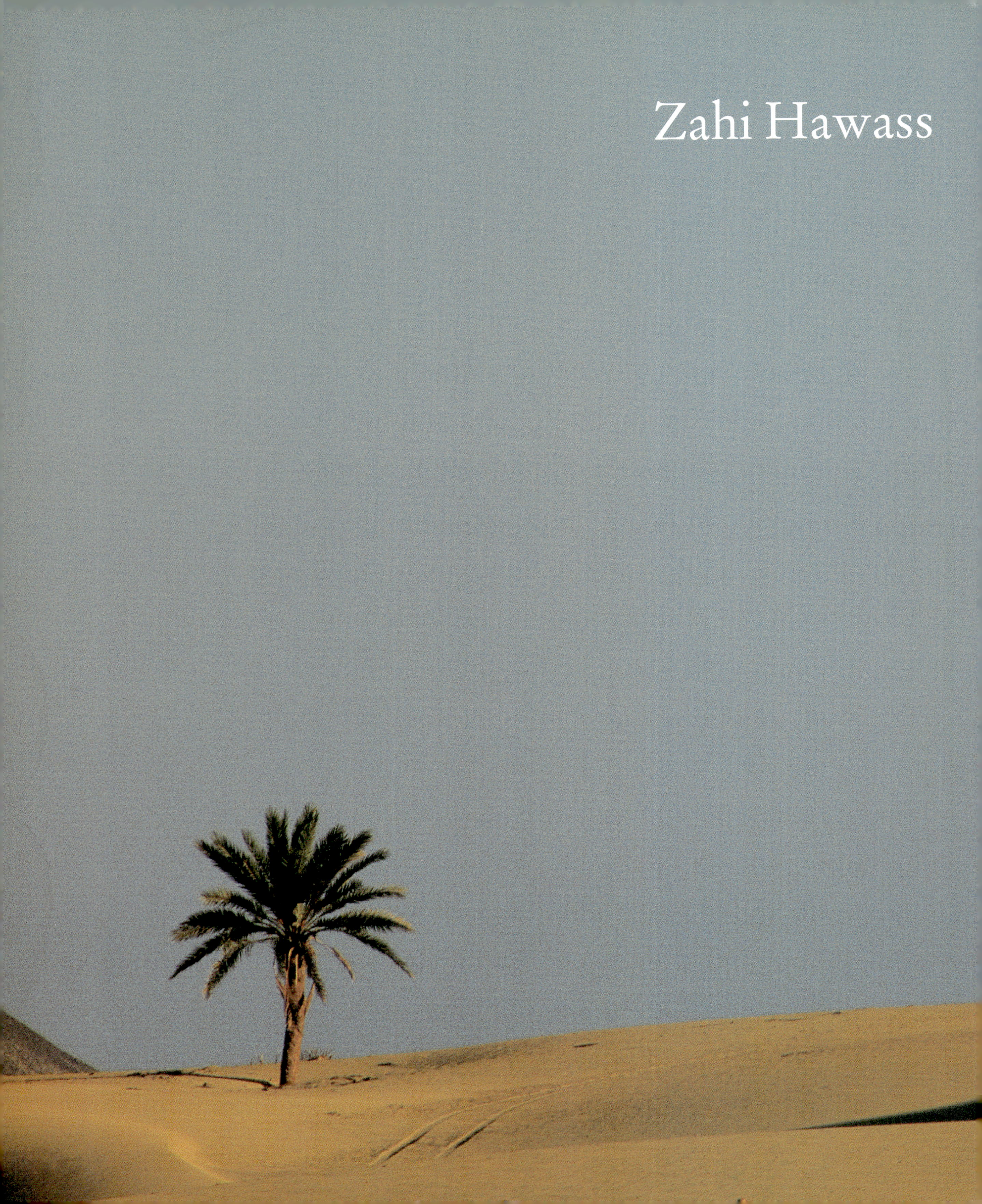

DAS TAL DER GOLDENEN MUMIEN

Die neueste und großartigste archäologische Entdeckung unserer Tage

Scherz

Seite 1: Vergoldete Maske und Brustplatte einer weiblichen Mumie

Seite 2/3: Die westliche Wüste bei der Oase Bahariya

Seite 5: Die Stuckperücke dieser Mumie besteht aus schwarzen Locken im griechischen Stil.
Die Götter, die früher auf den Grabwänden abgebildet worden waren,
sind direkt auf die Mumie gemalt.

Seite 6/7: Einige der besonders reich verzierten Mumien

Seite 8/9: Ein Oasenbesucher reitet durch El Bawiti

AUS DEM ENGLISCHEN VON
MAJA UEBERLE-PFAFF

Die Originalausgabe erschien unter dem Titel
«Valley of the Golden Mummies» bei Harry N. Abrams, Incorporated, New York.

Erste Auflage 2000

First published in 2000 by Harry N. Abrams, Incorporated, New York.
Redaktion: Barbara Burn
Design: Ana Rogers
Fotos: Marc Deville, Kenneth Garrett, Guy Midkiff, Philippe Plailly u. a.

Inhalt

Einleitung

Als ich mit fünfzehneinhalb in dem kleinen Dorf Abidia in Damiette die höhere Schule abschloss, träumte ich davon, Anwalt zu werden, aber nach meiner ersten Woche an der Universität von Alexandria war ich mir meiner Sache nicht mehr so sicher. Entmutigt wandte ich mich an das Seminar für Kunstgeschichte, wo man mir sagte, dass gerade ein viel versprechendes Institut für Archäologie eröffnet worden war. Das war 1963. Damals war das Graben nach alten Ruinen und Objekten noch keine allgemein anerkannte Disziplin. Mir gefiel jedoch die Idee, und so studierte ich vier Jahre lang Archäologie, Kunstgeschichte und antike Sprachen, wobei ich mich auf die griechisch-römische Zeit konzentrierte. Nach meinem Examen 1968 trat ich in die Zentralverwaltung für antike Funde in Kairo ein, erlebte jedoch eine herbe Enttäuschung.

Dr. Gamal Mokhtar, der Leiter des Amtes und später ein enger Freund von mir, schickte mich als Inspektor nach Tuna el-Jebel, eine abgelegene Ausgrabungsstätte in Mittelägypten, westlich der berühmten alten Hauptstadt El Amarna. Ich war 21 und hatte keine Lust, im Niemandsland zu wohnen, aber wenn ich die grauen Gesichter der älteren Archäologen betrachtete, die Verwaltungsarbeiten erledigten, erschien mir Kairo auch nicht als bessere Alternative. Hinzu kam, dass mich eine junge Frau, für die ich mich interessierte, nach meinem Beruf fragte, und als ich «Archäologe» antwortete, in Gelächter ausbrach. Ich beschloss, den Beruf zu wechseln und Diplomat zu werden.

Sechs Monate lang las ich Bücher über Politik und Ökonomie und bereitete mich auf die Prüfung des Außenministeriums vor, doch unter den drei erfolgreichen Kandidaten war ich schließlich nicht. Als ich in die Zentralverwaltung für antike Funde zurückkehrte, wollte mich Dr. Mokhtar sprechen. Er fragte, warum ich nicht nach Tuna el-Jebel gegangen war, und ich sagte ihm, ich könne nicht in der Wüste leben. Er erwiderte, wenn ich nicht dorthin ginge, würde er eine offizielle Verfügung erwirken und mich für immer aus dem Amt ausschließen. So fuhr ich bald darauf von Kairo nach Tuna el-Jebel, nervös und voller Abneigung gegen das, was mich in der mittelägyptischen Wüste erwarten würde.

Durch die Arbeit an dieser Ausgrabungsstätte und später im unterägyptischen Kom Abu-Bellu fand ich Gefallen an den alltäglichen Tätigkeiten des Archäologen, die aus körperlicher Arbeit, der Anleitung engagierter Mitarbeiter und Entdeckerfreude besteht. Nicht lange und ich hatte die Liebe zu meinem Beruf entdeckt, dem ich bis heute mein Leben widme. Jungen Leuten sage ich gerne, dass wir Menschen ein unvorstellbar großes Potential besitzen, und wenn wir uns ganz einer Sache widmen, werden wir ihren ganzen Reichtum entdecken.

Seite 10: Die Sphinx und die Pyramiden von Giza bei Sonnenuntergang

Unten: Der Autor (erste Reihe rechts) 1965 mit Kommilitonen an der Universität von Alexandria

Ganz unten: Der Autor (links) und Kamal el-Mallakh, der die Sonnenbarke des Cheops entdeckt hat, sprechen über die Zukunft der Monumente in Tuna el-Jebel

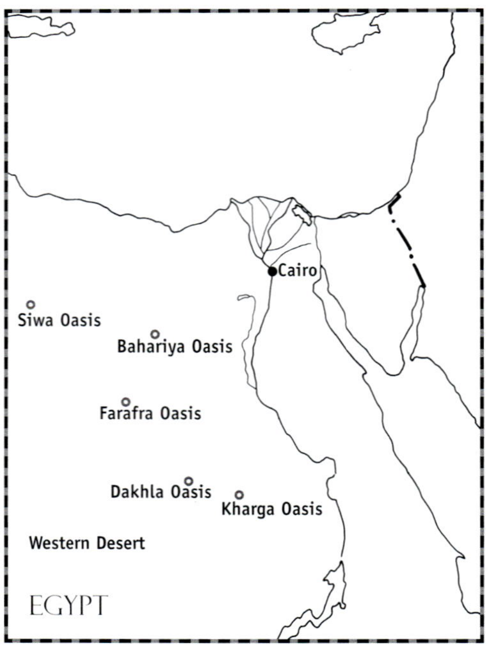

Geografische Lage der Oase Bahariya

Oben links: Der Autor an seiner ersten Ausgrabungsstätte Tuna el-Jebel

1976 arbeitete ich in Abu Simbel, der Ausgrabungsstätte des bekannten Tempels von Ramses II. in Nubien, als ich in der Zeitung las, dass Diebe in das große Lagerhaus von Giza eingebrochen waren und Dutzende von Ausgrabungsobjekten gestohlen hatten. Da Dr. Mokhtar meine administrativen Fähigkeiten und meine Gründlichkeit schätzte, ließ er mich aus Abu Simbel kommen. Einen Monat später hatten wir alle Diebe festgenommen und das Diebesgut gefunden. So wurde ich Inspektor des Pyramidenbezirks von Giza.

Der Autor 1977 in der jemenitischen Wüste

1977 wurde Bahariya derselben Gerichtsbarkeit wie die Monumente von Giza unterstellt, und ich fuhr mit vier Kollegen zum ersten Mal in die Oase. Damals standen wir genau an der Stelle, die die aufregendste Entdeckung des neuen Jahrtausends barg, und ahnten es nicht. Hätten wir gewusst, was unter unseren Füßen lag, wären wir geblieben und hätten uns nicht in alle Himmelsrichtungen zerstreut.

Wir wohnten zwei Tage in El Bawiti in einem schäbigen, unmöblierten Gästehaus, weil es in der Gegend weder Hotels noch Telefone gab. Ich traf mich mit Sheikh Aiadi Ahmed Soliman, dem Aufseher, der nur fünf Männer zur Bewachung der Altertümer zur Verfügung hatte. Mir wurde klar, dass es hier noch viel zu tun gab, und ich mochte die freundlichen Bewohner der Oase sehr, aber es wäre mir nie in den Sinn gekommen, dass ich eines Tages hier graben würde. Ich hatte gerade erst mit meiner Arbeit bei den Pyramiden begonnen und konnte mir nicht vorstellen, dass die Oase sich mit dem aufregenden Leben in Giza messen konnte. Der Schutz und die Bewahrung der bereits existierenden Stätten machten mir allerdings Sorge, da es nur sechs Wächter und keinen Inspektor gab. Für die Malereien im Grab der 26. Dynastie in Bannantiu musste dringend etwas getan werden, bevor sie Schaden nahmen. Dasselbe galt für die Kartusche mit dem Namen Alexanders des Großen in dessen Tempel. Aber niemand wollte Kairo verlassen und in diese entlegene Gegend ziehen.

Dann berichtete mir ein Dorfbewohner, dass ein junger Mann aus Bahariya namens Ashri Shaker in Kairo Archäologie studiere, und mir kam der Gedanke, mit seiner Hilfe könne man doch eine neue Außenstelle in der Oase eröffnen. Zu diesem Zweck kehrte ich 1980 nach Bahariya zurück, aber ich erhielt die notwendigen Gelder nicht. Ich empfahl Shaker der Zentralverwaltung für antike Funde, bevor ich als Fulbright-Stipendiat an die Universität von Pennsylvania ging, wo ich auch promovierte. Als ich 1987 nach Ägypten zurückkehrte, hatte die Verwaltung Ashri Shaker zum Inspektor von Bahariya ernannt, und ich wurde Generaldirektor der Bezirke Giza, Saqqara, Imbaba und Bahariya.

Der Autor 1978 in seinem Büro in Giza als Inspektor der Pyramiden

Zunächst konzentrierte ich mich auf die Pyramiden von Giza, wo ich die Gräber der Beamten und die Gräber der Pyramidenbauer entdeckte. In Bahariya erhöhte ich lediglich die Anzahl der Wächter und Inspektoren und ließ ein Laborgebäude für die

Ein besonders eindrucksvolles Grab aus den Grabstätten der Pyramidenbauer

Unten: Die Grabstätten der Pyramidenbauer südöstlich der Pyramiden von Giza (untere Ebene)

Der Autor erläutert dem Präsidenten der UNESCO 1987 die Arbeiten an der Sphinx

Konservierung der Altertümer errichten. Die Oase besuchte ich noch zweimal mit Studenten aus Kairo, bevor 1996 ein großartiger Fund mein Leben und die Zukunft von Bahariya veränderte.

Wir machten diese Funde erst drei Jahre später publik. Nach ersten Arbeiten an den Ausgrabungsstätten schlossen wir die Gräber wieder, um Plünderungen vorzubeugen, denn zu jener Zeit gab es noch keine Geldmittel für eine Ausgrabung in großem Stil. Doch es war wichtig, einen Plan für die Zukunft zu entwerfen. Bewahrung und Restaurierung stehen für mich stets an erster Stelle. Neue Ausgrabungen sind aufregend, aber sie können warten, denn sie sind durch den Sand geschützt. Wenn man jedoch das, was freigelegt wurde, nicht konserviert, verliert man Geschichte.

1999 zahlte sich die Arbeit von Jahren aus. Die Restaurierung der Großen Sphinx, die 1988 begonnen hatte, wurde abgeschlossen, und ich erhielt von Präsident Hosni Mubarak eine hohe Auszeichnung. Wir entdeckten das symbolische Grab des Osiris unter dem Aufweg der zweiten Chefren-Pyramide.

Wegen des empfindlichen Zustands dieser Grabungsstätten können wir leider nur Mitarbeitern wissenschaftlicher Institutionen oder Museen den Zugang gestatten. Zur Information der breiteren Öffentlichkeit legte ich im Internet die Website *guardians.net/hawass* an, auf der ich seither über neue Funde und Daten informiere.

Zu jener Zeit unternahm ich eine Reise nach Bahariya, weil ich mir ansehen wollte, was im Tal der goldenen Mumien zu tun war. Zu dem Team, das ich zusammenstellte, gehörten mehrere Personen, die auf dem Plateau von Giza mit mir zusammengearbeitet hatten: die Archäologen Mahmud Afifi, Mansur Boriak, Tarek el-Awadi und Aiman Wahbi; die Konservatoren Nasri Iskander und Mustafa Abdul Qader, die Architekten

Der Autor inspiziert 1998 seine Ausgrabungen in Saqqara

Abdul Hamied Kotb und Hamdi Rashwan; den Elektroingenieur Mahmud Helmi und die Epigrafin Noha Abdul Hafiz. Als ich Lisa Truitt, einer Freundin, die bei der Zeitschrift *National Geographic* arbeitet, von meiner bevorstehenden Reise ins Tal der goldenen Mumien erzählte, fragte sie mich, ob sie die ersten Ausgrabungen filmen dürfe. Ich kannte und bewunderte ihren Film «Geheimnisvolles Ägypten» mit Omar Sharif als Erzähler und stimmte zu. Der talentierte Fotograf Kenneth Garrett, der ebenfalls für *National Geographic* tätig war, sollte uns begleiten.

Seit den ersten Ausgrabungen im März 1999 haben wir in Bahariya 105 intakte Mumien und zahlreiche Skelettreste gefunden. Nie zuvor ist in Ägypten eine so große Zahl perfekt erhaltener Mumien entdeckt worden. Diese einzigartige Gruppe, die aus der griechisch-römischen Zeit stammt, weist eine Vielzahl von Unterschieden auf, was den Mumifizierungsstil und die soziale Herkunft betrifft: Manche sind vom Kopf bis zur Brust reich mit Gold belegt, was an das Grab des Tutenchamun erinnert. Wenn man überlegt, wie bedenkenlos die Grabstätten seit dem Altertum ausgeplündert wurden, ist der Fund einer so unberührten Stätte eine wahre Sensation. Meiner Schätzung nach liegen im gesamten Friedhofsareal, das etwa zehn Quadratkilometer umfasst, an die 10.000 Mumien, deren Freilegung noch gut fünfzig Jahre dauern wird.

Archäologie ist ein geradezu aufreizend langsamer wissenschaftlicher Prozess, der selten in den Medien Aufsehen erregt, doch als wir im Juni 1999 unsere Entdeckung bekannt gaben, wurde das Tal der goldenen Mumien – so benannt nach der Senke innerhalb der Oase, in der das Gräberfeld liegt – über Nacht berühmt. Die goldenen Gesichter der Mumien erschienen auf den Titelseiten internationaler Zeitschriften von den USA über Italien bis Japan, und sämtliche archäologischen Fachblätter befassten sich mit ihnen.

Mumien flößen Furcht und Ehrfurcht zugleich ein, wohl weil sie mit einer Welt jenseits der unseren in Verbindung zu stehen scheinen. Ich arbeite nun seit zwanzig Jahren bei den Pyramiden und habe Wesentliches über die Pyramidenbauer und die altägyptischen Arbeiter herausgefunden, aber wenn ich heutzutage einen Vortrag halte, werde ich immer nur nach den goldenen Mumien gefragt. Das Jahr 1999 hätte man ohne weiteres das «Jahr der Mumie» nennen können. Mindestens drei wichtige Bücher über

Mumien sind zwischen 1998 und 1999 erschienen, und die Popularität des Spielfilms «Die Mumie» beweist, wie sehr das Thema die Menschen fasziniert. Das Interesse an Mumien erlebt heute einen neuen Höhepunkt, nachdem bereits an der Wende zum 20. Jahrhundert Tausende von Toten aus Ägypten herausgeschafft wurden, um sie wissenschaftlich zu untersuchen, zu Medizin zu verarbeiten oder sie auf Partys als unheimliche Attraktion auszuwickeln.

Vor den Grabfunden in der Oase Bahariya hatte ich mich bei meinen Studien nicht vorrangig mit Mumien beschäftigt, und auch die griechisch-römische Geschichte und Archäologie zählten seit meinen Studienjahren nicht mehr zu meinen Spezialgebieten. Ich liebte meine Arbeit bei den Pyramiden, weil ich dort etwas über das Leben der einfachen Leute erfuhr, über jene 80 Prozent der ehemaligen Bevölkerung, über die wir so viel weniger wissen als über die altägyptischen Könige. Doch mit der Zeit ließ auch ich mich von der allgemeinen Begeisterung anstecken.

Was an den goldenen Mumien für das allgemeine Publikum so faszinierend ist, kann ich nicht sagen, aber sie sind auf jeden Fall – das ist meine Meinung als Wissenschaftler – mehr als nur schöne Gesichter. Trotz ihres tiefen Schweigens helfen sie uns bei der Beantwortung zahlreicher historischer Fragen: Wie reagierten die Menschen von Bahariya, die jahrhundertelang unter dem Einfluss der Pharaonenkultur gelebt hatten, bevor Alexander der Große Ägypten 332 v. Chr. eroberte, auf die griechische und später

Der Autor (Mitte) mit seinem Team im Tal der goldenen Mumien

römische Herrschaft, die bis 642 n. Chr. andauerte? War der politische und ökonomische Wandel mit Turbulenzen verbunden? Wie sah der Alltag der Oasenbewohner in verschiedenen Epochen aus? An welchen Krankheiten litten sie? Auf welche Weise und wie schnell änderten sich die Mythologie und die religiösen Praktiken der Pharaonenzeit, bis sie schließlich verschwanden?

Bahariya wird sich meines Erachtens als eine Fundgrube für die Wissenschaften erweisen. Es ist auf jeden Fall die neueste und ergiebigste Informationsquelle und wird uns auf Jahre hin ein wachsendes Verständnis des Lebens in Ägypten vom Mittleren Reich an ermöglichen.

Die Oase ist reich an Monumenten, Gräbern und Tempeln, die auf die 18. Dynastie, die griechisch-römische sowie koptische Zeit zurückgehen. Mehrere Stätten wurden schon von früheren Archäologen entdeckt und teilweise oder vollständig freigelegt, dann aber wieder lange Zeit vergessen oder aufgegeben. In diesem Buch beschreibe ich alle wichtigen Stätten in Bahariya, weil nur wenige Menschen wissen, welch erstaunliche Entdeckungen hier gemacht wurden.

Teil I ist dem Tal der goldenen Mumien gewidmet – seiner Entdeckung und den Ausgrabungsarbeiten, der Beschreibung der Mumien und der antiken Gegenstände, die in den Gräbern gefunden wurden und die uns etwas über das gesellschaftliche, wirtschaftliche und religiöse Leben der Oase verraten. Teil II fasst die Geschichte der Oase Bahariya bis zum heutigen Tage zusammen und gibt einen Überblick über die religiösen Vorstellungen und die Praxis der Mumifizierung von der prädynastischen Zeit bis zum 4. Jahrhundert nach Christus. In Teil III erläutere ich detailliert die anderen Stätten innerhalb der Oase, vor allem die Römersiedlung bei El Haiz, aber auch einige Grabungsorte nahe El Bawiti, die vor kurzem der Öffentlichkeit zugänglich gemacht wurden. Das Buch endet mit einem ersten Blick auf die anderen Gräber, die wir derzeit gerade freilegen.

Ich persönlich bin der Meinung, Mumien sollten nicht aus Sensationshascherei ausgestellt werden; dennoch entschlossen wir uns, fünf der schönsten Exemplare in ein neues Museum in Bahariya zu bringen, da wir die Ausgrabungsstätten selbst, solange wir dort arbeiten, nicht für das Publikum öffnen können. Mit dem vorliegenden Buch möchte ich einen Einblick in die abenteuerliche Geschichte der archäologischen Funde geben, ohne dass die Mumien dem Risiko des Massentourismus ausgesetzt werden müssen. Mein Ziel ist es, alle Interessierten, vor allem meine ägyptischen Landsleute, mit unserem geschichtlichen Erbe vertraut zu machen, damit wir etwas für unsere eigene Zukunft daraus lernen.

Hinter jeder archäologischen Grabung verbergen sich zahllose spannende Geschichten – Geschichten, die die antiken Alltagsgegenstände über die Vergangenheit verraten, und Geschichten, die die Bewohner des betroffenen Gebietes zu erzählen haben. Archäologen, die sich nur mit der materiellen Seite der Geschichte befassen, laufen Gefahr, sich in Details zu verlieren und die Bedeutung des Ganzen zu vergessen. Die Archäologie als Disziplin hat ein Fenster in die Vergangenheit geöffnet, aber ich glaube, dass die

Menschen, die heute im Ausgrabungsgebiet leben und arbeiten, ebenso wichtig sind wie ihre Vorfahren aus dem Altertum, deshalb spreche ich in diesem Buch von beiden. Kommen Sie mit mir auf eine Reise in die Wüstenoase und entdecken Sie die Geheimnisse von Jahrtausenden, die sich unter dem Sand verbergen.

Ein Bauer bringt am Ende des Tages Futter für sein Vieh von den Feldern

Das Tal der goldenen Mumien

1 Ein Esel macht Geschichte – Die Entdeckung

Am 2. März 1996, als ich das Zelt betrat, das die Zentralverwaltung für antike Funde in der Nähe der Grabstätten der Pyramidenbauer südöstlich der Großen Sphinx in Giza errichtet hatte, überraschte ich meinen Assistenten Mansur Boriak dabei, wie er mich vor Mitgliedern meines Teams imitierte. Er merkte nicht, dass ich hinter ihm stand. Erst als er mich lachen hörte, drehte er sich um und fiel fast in Ohnmacht. Mansur ist ein erfahrener Archäologe und mein Lieblingskollege in Giza, und er erstattet mir regelmäßig Bericht von den anderen Ausgrabungen innerhalb meines Bezirks, aber er erfindet gerne Geschichten und freut sich diebisch, wenn er mich hereinlegen kann. Als Mansur später aufgeregt in mein Büro stürmte und «Doktor, Doktor! Ashri Shaker ist da. Man hat irgendetwas Wichtiges in Bahariya gefunden!» rief, war ich sicher, dass es sich wieder einmal um einen Scherz handelte.

«Nein, wirklich. Diesmal stimmt es. Sie haben etwas ganz Besonderes entdeckt», sagte er. Aber ich glaubte ihm erst, als Ashri Shaker, der Leiter des Ausgrabungsbüros in Bahariya, mit ernstem Gesicht vor mir stand. Ashri ist ein Mann, dem man vertrauen kann. Er erzählte, ein Wächter am Tempel Alexanders des Großen sei mit seinem Esel in die Wüste geritten und der Esel sei in ein Loch getreten. Als Ashri dem Wächter zu der Stelle folgte und begriff, dass das Loch der Eingang zu einem Grab sein musste, war er eilig nach Giza gefahren, um mich zu holen. «Ich habe das Gesicht einer Mumie gesehen, das aus dem Sand herausragte. Es glänzte wie Gold.»

Damals war ich für die meisten Gräber in Giza, unter anderem die der Pyramidenbauer, und für eine Fundstätte in Saqqara nahe der Pyramide des Teti zuständig. Da ich nicht überall gleichzeitig sein konnte, wies ich Ashri an, einen Inspektor zu benennen, der in Bahariya mit der Ausgrabungsarbeit anfangen sollte. Ich wollte so bald wie möglich nachkommen.

Eine Woche später fuhr ich zur Oase. Eine Strecke, deren Überwindung unsere Vorfahren vier Tagesreisen mit dem Kamel gekostet hatte, legte ich mit dem Jeep in drei Stunden zurück. Ich fuhr 420 Kilometer auf der alten Handelsstraße durch die Wüste, wo man immer nur von Sand umgeben ist, der nicht preisgibt, was sich unter ihm verbirgt. In El Bawiti, einer modernen Stadt im Zentrum der Oase nahe El Qasr, der alten Hauptstadt, stellte mich Ashri Shaker dem Wächter Abdul Maugud vor, dessen Esel im wahrsten Sinne des Wortes über das Grab gestolpert war.

Seit zehn Jahren steht der heute 44-jährige Abdul Maugud sechs Tage pro Woche acht Stunden täglich am Eingang des Alexander-Tempels – an derselben Tür, durch die vor so

Abdul Maugud und sein Esel, der über das Loch in der Wüste stolperte, das die Archäologen zur Entdeckung der goldenen Mumien führte

Seite 20/21: Sonnenaufgang über dem Tal der goldenen Mumien

Seite 22: Das Archäologenteam markiert den Friedhof mit Stangen

vielen Jahren die Frommen ihre Opfergaben brachten. Er sorgt dafür, dass niemand sich unerlaubt in der Umgebung des Tempels aufhält. Um sich vor der brennenden Sonne zu schützen, trägt er stets das traditionelle Kleidungsstück der Oase, ein langes Baumwollgewand, die *gallabia,* und wickelt sich einen weißen Schal, *ema* genannt, um den Kopf. Ich bat ihn, mir zu erzählen, was geschehen war.

Abdul Maugud legte die Hände zusammen und blickte respektvoll zu Boden, während er seine phantastisch ausgeschmückte Geschichte erzählte. Am 1. März hatte sich der Wächter, der ihn ablösen sollte, verspätet, deshalb wartete Maugud eine halbe Stunde an der Tempeltür. Plötzlich sah er, wie sein Esel in die Wüste hineintrabte und im Maul ein Ende des Seils hielt, das gewöhnlich von beiden Seiten des Kopfes herabhängt. Das war ein merkwürdiger Anblick, denn Esel laufen in der Regel nicht freiwillig so schnell. Außerdem wehren sie sich, wenn man sie mit Seilen lenkt. Abdul Maugud rannte dem Esel hinterher, aber schließlich musste er umkehren, weil er den Tempel nicht so lange unbewacht lassen wollte. Vom Hügel sah er, dass der Esel in einer Entfernung von fast zwei Kilometern stehen geblieben war. Nach weiteren anderthalb Stunden erschien endlich der andere Wächter. Abdul Maugud schickte ihn los, um den Esel einzufangen, aber dieser war schon auf dem Rückweg. Er lief, das Seil immer noch im Maul, zu Abdul Maugud und stellte sich vor ihn. Maugud stieg auf, aber der Esel weigerte sich, die Straße zu nehmen, die sie seit zehn Jahren täglich entlangritten. Er schien fest entschlossen, wieder in die Wüste zurückzukehren. Da meinte der andere Wächter, der Esel wolle ihm

Ein bislang noch nicht freigelegter Teil des griechisch-römischen Friedhofs

anscheinend etwas mitteilen und er solle ihn doch gewähren lassen. Der verwirrte Mann ließ sich also zu der Stelle tragen, wo der Esel vorher stehen geblieben war. Plötzlich wandte das Tier den Kopf und zerrte das Seil aus Abdul Mauguds Hand. Das Seil fiel vor einem Loch zu Boden, und der Wächter stieg ab, kniete sich hin und spähte in das Loch hinein. Er traute seinen Augen kaum. Sofort ritt er zum Büro von Ashri Shaker und berichtete, unter dem Sand liege etwas Glänzendes.

Neue Fundorte wie das Tal der goldenen Mumien sind selten. Die meisten archäologischen Grabungsstätten existieren seit langer Zeit, und die Arbeit – die vor allem im Bewahren der Funde besteht – ist ein langwieriger Prozess. Diese Episode jedoch beweist, dass manchmal auch das schiere Glück zum Erfolg führt. In Ägypten kann man praktisch täglich kleinere Funde machen, aber selbst bei einer großen Entdeckung geschieht es nicht selten, dass monatelang gar nichts weiter unternommen wird. Das beruht natürlich teilweise auf der zeitlichen Begrenzung der Ausgrabungen auf November und Januar bis März – manchmal auch länger, je nach Wetter, Finanzierung und Ähnlichem. Ein Archäologenteam arbeitet häufig von morgens früh bis abends spät, und anstrengende Arbeit ist nur möglich, wenn das Wüstenklima es zulässt. Archäologen legen meistens vorab auf Grund ihrer Recherchen fest, wo gegraben werden soll, und häufig sind das Fundorte, an denen schon früher gearbeitet wurde, die jedoch durch kriegerische Auseinandersetzungen, politische Entwicklungen oder auch nur wegen Nachlässigkeit wieder

Das nördliche Ende des Tals der goldenen Mumien

unter dem Sand verschwanden. Doch auch Zufallsfunde kommen immer wieder vor. Ingenieure entdecken beim Bau einer Kanalisation Knochen oder Tonscherben, Dorfbewohner stoßen auf alte Mauerreste, wenn sie den Keller für ein neues Haus ausschachten.

Genau dies geschah, als in Nazlet el-Simman, einem modernen Dorf ganz in der Nähe der Cheops-Pyramide in Giza, Kanalisationsröhren verlegt wurden. Die meisten Bewohner von Nazlet el-Simman arbeiten als Fremdenführer, vermieten Kamele und Pferde oder verkaufen Postkarten und Souvenirs. 1990 beauftragte ich einen Inspektor, die Kanalisationsarbeiten zu überwachen, damit wir der Rampe folgen und den Taltempel der Großen Pyramide finden konnten. Aber die Einheimischen hatten Angst, wir würden ihre Häuser zerstören, und versuchten eines Tages, mein Auto in Brand zu setzen. Natürlich wollten wir ihrem Dorf keinen Schaden zufügen. Wie ich gehofft hatte, fanden wir Steinblöcke, mit denen die Arbeiter in alter Zeit die Rampe zur Pyramide erbaut hatten, aber wir deponierten sie lediglich in der Mitte des Dorfes, damit spätere Archäologen den Ort leichter wieder finden würden.

Als die Bewohner des Dorfes Nazlet el-Sisi, das östlich der Großen Pyramide liegt, neue Häuser bauten, fanden sie eine Basaltmauer über einer Kalksteinbasis. Sie verschwiegen uns den Fund und zerstörten sogar einen Teil der Mauer. Glücklicherweise kam dann doch ein Mann mit der Neuigkeit zu uns. Als wir die Stelle besichtigten, erkannte ich sie als Teil des alten Hafens der Cheops-Pyramide, der durch einen Kanal mit dem Nil verbunden war und zum Transport der Steine für das Plateau von Giza diente.

Die oben geschilderte Episode in der Oase von Bahariya ist der vierte dokumentierte Fall eines großen archäologischen Fundes, der in Ägypten einem Tier verdankt wird. Im Jahre 1900 bescherte dem berühmten englischen Archäologen Howard Carter – lange bevor an das Grab Tutenchamuns auch nur zu denken war – der Zufall einen seiner ersten Funde. Als er eines Abends in sein Haus am Westufer des Nils zurückkehrte, stolperte sein Pferd und stürzte; sein Huf war an die Kante einer versiegelten Grabkammer gestoßen, in der Carter bald darauf die bemalte Kalksteinstatue von Mentuhotep Nebhepetre finden sollte, der als erster König des Mittleren Reichs von 2061 bis 2010 v. Chr. in Ägypten herrschte. (Auch später blieb Carter das Glück treu, denn als sein Geldgeber Lord Carnarvon enttäuscht beschlossen hatte, seine Finanzierung nur noch eine Grabungssaison fortzusetzen, stellte Carters Wasserträger seinen Dreifuß in ein Loch, das sich als erste Stufe hinunter zu der berühmten Grabkammer Tutenchamuns erwies.)

Ebenfalls 1900 fuhr ein anderer Wächter mit seinem Eselskarren in Alexandria in ein Loch in der Wüstenstraße am südwestlichen Stadtrand, in der Nähe der bekannten Pompeius-Säule. Er landete in einem Labyrinth von unterirdischen Tunneln – Katakomben aus dem zweiten Jahrhundert nach Christus –, die heute Kom el-Shugafa heißen. Wie bei den neu entdeckten Gräbern in Bahariya handelte es sich dabei um einen griechisch-römischen Friedhof, vielleicht die berühmteste Grabanlage in ganz Ägypten. Sie wurde vermutlich von einer Religionsgemeinschaft genutzt und dient uns als reichhaltige Quelle für das Verständnis dieser Epoche der altägyptischen Geschichte. Wir finden hier eine typische Verbindung von ägyptischer, griechischer und römischer Kunst und Architektur. Mumien scheinen nach ihrer Religionszugehörigkeit begraben worden zu sein, was uns einen Hinweis darauf gibt, wie die drei Religionen in jener Zeit koexistierten.

Die beiden anderen Funde, an denen Tiere beteiligt waren, ereigneten sich in meinem Bezirk – *al-Hamdulillah!* Der erste fand auf dem Plateau von Giza statt. Ich hatte meine Dissertation über den Totenkult der Könige Chefren, Cheops und Mykerinos aus der 4. Dynastie geschrieben und war durch meine Forschungen zu der Überzeugung gelangt, dass die Gräber der Pyramidenbauer südlich der Großen Pyramide liegen mussten. Nachdem ich 1990 aus den USA nach Ägypten zurückgekehrt war, suchte ich gemeinsam mit meinem Freund und Kollegen Mark Lehner nach diesen Gräbern und den alten Baustellen. Wir legten einen Raster von 10 x 10 Meter großen Quadraten an und begannen zu graben. In einem Quadrat fanden wir Überreste eines Grabes mit menschlichen Skelettresten und Töpferware, in einem anderen fanden wir Getreide. Doch die Grabungssaison endete, bevor wir die Funde zuordnen konnten. Dann kam an einem drückend heißen Tag im August desselben Jahres Mohammed Abdul Razik, der damals die Wächter auf dem Plateau von Giza beaufsichtigte, zu mir und sagte, eine Amerikanerin sei mit ihrem Pferd über etwas gefallen, das wie eine Mauer aussehe. Ich begleitete ihn sofort zu der Stelle, und als ich die Lehmmauer sah, die nach Norden zur Großen Pyramide hin ausgerichtet war, sagte ich laut: «Das sind die Gräber der Arbeiter, die die Pyramide erbaut haben!» Die Mauer befand sich nur neun Meter von der Stelle entfernt, an der wir wenige Monate vorher gegraben hatten. Wir stellten fest, dass sich dort ein Friedhof für die Kunsthandwerker befand und auf einer tieferen Ebene einer für die Arbeiter, die die Steine zogen. Daneben gab es eine Baustelle und einen Bereich, in dem Tongefäße, Bier und Brot hergestellt wurden.

Das zweite Mal, dass sich mir die Vorsehung in Form eines Vierfüßers zeigte, war natürlich in der Oase Bahariya. Gleich nach dem Fund machten Mohammed Tiyab und Mohammed Aiadi eine erste Bestandsaufnahme, aber erst 1999 beschlossen wir, mit einem Team nach Bahariya zu reisen und vier Gräber auszugraben, um einen Plan zu ihrer Erhaltung zu entwickeln. Ich machte die Mitglieder meines Teams darauf aufmerksam, dass wir so lange an Ort und Stelle bleiben würden, bis es zu heiß war, um in der Wüste zu graben. Dann traf ich mich mit meiner unentbehrlichen Sekretärin Nashwa Gaber, der ich viel von meinem Erfolg verdanke. Ich wies sie an, mich nur in dringenden Fällen anzurufen. Anschließend bepackten wir einen Bus und machten uns auf den Weg.

Wir hatten in einer kleinen Siedlung fünf Wohnungen angemietet. Als wir jedoch am ersten Morgen um fünf Uhr losfuhren und feststellten, dass die Fahrt zum Ausgrabungsort eine ganze Stunde dauerte, kamen wir überein, dass wir in der Stadt El Bawiti, die nur fünfzehn Minuten entfernt liegt, nach Übernachtungsmöglichkeiten suchen würden. Wir fanden die El Beshmo Lodge, ein ländliches Hotel mit einer besonders freundlichen Atmosphäre. Zufrieden setzten wir uns in ein Café und besprachen die Pläne für den nächsten Tag.

Eine der ersten Masken, die aus dem Sand des Friedhofsgeländes auftauchten

Als das Team am nächsten Morgen das Gräberfeld erreichte, sammelten wir zunächst Tonscherben, Knochen und altes Glas auf, die auf einem Gebiet etwa 300 Meter südlich des Alexander-Tempels verstreut im Sand lagen. Die Ausdehnung des gesamten Areals schätzte ich auf etwa sechs Quadratkilometer. Als nächster Schritt wurde ein schmaler Graben zur äußeren Begrenzung des Gebiets angelegt. Dann entwarfen die Architekten Abdul Hamied und Hamdi einen Raster, der das gesamte Feld in Quadrate von zehn Meter Seitenlänge unterteilte.

Die El Beshmo Lodge in El Bawiti, in der das Archäologenteam während der Grabungen wohnte

Unten: Ein moderner Lehmziegelschuppen auf einem Bauernhof in der Nähe des Alexander-Tempels

Jedem der 600 Quadrate – identische Anhöhen aus Sand und Fels – wurden eine Nummer und ein Archäologe zugeteilt. Ein Quadrat enthielt das Grab, das die beiden Inspektoren Aiadi und Tiyab schon zum Teil freigelegt hatten. Es war das Grab mit der Nummer 54, an dem Mansur Boriak arbeiten sollte. Hacken und Schaufeln stapelten sich im Sand. Als die Sonne höher stieg, machte sich die Hitze bemerkbar, aber alle waren so auf ihre Arbeit und auf das konzentriert, was die nächste Schaufel Sand freilegen mochte, dass sie sie nicht bemerkten. Arbeiter aus der Nach-

barschaft, die für die Saison angestellt worden waren, trugen körbeweise den Sand weg. Mir fiel auf, wie dürr und wettergegerbt ihre Hände und Füße im Vergleich zu unseren aussahen. Bald wurde die Reihe der Männer, die einander die Körbe reichten, länger und die Löcher im Wüstenboden tiefer. Der Rand abwärts führender Schächte erschien, dann einige Stufen, die drei Meter tief in die Erde führten, dann eine ebene Fläche. Wir hatten den Boden einer Grabstätte erreicht.

Nicht lange danach entdeckten wir das Gold. Ein Gesicht, ein goldenes, schön geformtes Gesicht mit großen Augen aus Obsidian starrte uns unter einer dünnen Sandschicht an, dann folgte eine vollständige Mumie. Es war Grab 54, jenes Grab, das von allen, die wir in dieser Saison aufspürten, die größte Anzahl Mumien und die am besten erhaltenen Exemplare enthielt. Doch immer dann, wenn etwas in der Luft liegt und alle besonders eifrig graben, geht die Sonne unter und wir müssen unterbrechen. Wir müssen uns bis zum nächsten Tag gedulden, wenn das Licht uns das Weiterarbeiten erlauben wird. Am Ende des Tages vermischt sich die Zufriedenheit über das Erreichte mit der fast unerträglichen Neugier auf das Kommende.

Links oben: Arbeiter reinigen Grab 54 vom Sand; es enthielt die bislang größte Anzahl goldener Mumien

Links unten: Ein alter Brunnen im Tal der goldenen Mumien

Unten: Die vergoldete Maske und Brustplatte einer männlichen Mumie. Die Abbildungen stellen Szenen eines Begräbnisses dar und zeigen die Götter, die den Verstorbenen im Jenseits beschützen werden

2 Die Ausgrabung

Drei Wochen lang standen wir jeden Tag um fünf Uhr auf, frühstückten zusammen und fuhren spätestens um sechs Uhr ab, damit wir um sieben mit den Grabungen beginnen konnten. Wenn wir uns morgens versammelten, war es kalt, aber die Wüste heizte sich rasch auf, und deshalb trugen wir immer mehrere Schichten Kleidung übereinander. Die einheimischen Arbeiter sorgten mit immer neuen Liedern für Abwechslung. In der Regel gab ich allen eine halbe Stunde Mittagspause, aber die restliche Zeit arbeiteten wir konzentriert und ohne Pausen. Wir gruben und fegten praktisch ununterbrochen.

Nichts gleicht dem Geruch, der einem entgegenschlägt, wenn man sich einem mumifizierten Körper nähert, der Tausende Jahre begraben war. Es ist unbeschreiblich. Ich bin mit den Jahren gegen den Gestank immun geworden, aber meine jüngeren Kollegen wundern sich immer, dass ich ungerührt weiterarbeiten kann. Während Grab 54 seine vielfältig geschmückten Mumien freigab, schaufelte mein Assistent Tarek el-Awadi in einem anderen Planquadrat den schwärzlichen Sand beiseite. Dieser dunkle Sand – die Farbe ist auf das Harz und die Mineralien in den zerfallenden organischen Substanzen zurückzuführen – ist der erste Hinweis darauf, dass man sich einer Mumie nähert. Das Bewusstsein, dass sich unter dem Sand ein Geheimnis verbirgt, treibt einen an, doch gleichzeitig möchte man am liebsten weglaufen. Je schneller man gräbt, desto sorgfältiger muss man vorgehen. Dann kommt der Augenblick, in dem man das Gold schimmern sieht. Es ist ein unglaublich erregender Moment, aber auch einer, in dem der Gestank einen fast überwältigt.

Als Tarek die Hacke gegen die Bürste tauschte, um seine erste Mumie freizulegen, sah er aus, als würde er gleich in Ohnmacht fallen. Partikel der äußeren Mumienhülle schwebten wie Asche oder Holzkohle in den Sand, aber er fegte weiter geduldig den Sand zur Seite, bis er sah, dass der Leichnam ganz und gar in Leinen eingewickelt war. Alle kamen herüber und sahen sich das außerordentlich kunstvolle geometrische Muster an, das das Wickelmaterial bildete; durch die übereinander liegenden Schichten entstanden immer neue Quadrate. Tarek war stolz auf seinen prächtigen Fund, aber auch recht erleichtert, dass er sich endlich ein Stück von ihm entfernen konnte.

Zur gleichen Zeit hatte Mansur Boriak Grab 54 freigelegt. Mansur hatte mit mir bei den Gräbern der Pyramidenbauer in Giza gearbeitet, und ich verlasse mich bei allen wichtigen Grabungen auf ihn. Der nach Nordwesten gelegene Eingang von Grab 54 befindet sich oben an einer Treppe mit acht Stufen, die in einem Winkel von 45 Grad in einen kleinen Raum und zwei Grabkammern führen. Der erste Raum, nur etwa 1,25 x 2,50 Meter groß,

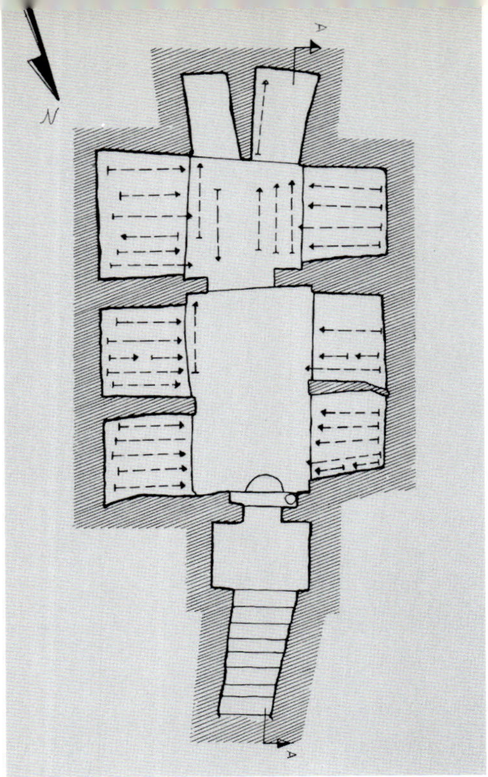

Arbeiter legen 1999 Grab 54 frei, eine der größten Grabstätten im Tal der goldenen Mumien
Oben rechts: Grundriss von Grab 54
Seite 32: Grab 54 war so voll, dass mehrere Mumien auf dem Boden lagen

Rechts: Arbeiter an Grab 1, der ältesten Grabstätte auf dem Friedhof; davor das Zelt der Zentralverwaltung für antike Funde

Unten: Um der Sonnenhitze zu entgehen, beginnen die Arbeiter bei Tagesanbruch mit ihrer Tätigkeit

Der Archäologe Mansur Boriak bürstet und bläst Sand aus den Rissen in der Kartonage und den Mumienbinden

Oben: Ein Konservator gibt sich große Mühe, die äußere Hülle einer Mumie aus Grab 54 nicht zu beschädigen, während ein Arbeiter Sand aus einer Nische entfernt

Rechts: Unterschiedliche Mumifizierungsstile erkennt man daran, ob Gold, Kartonage oder Leinen verwendet wurde (Grab 54)

Rechte Seite: Der Autor (im Vordergrund) säubert eine vergoldete Brustplatte, während Arbeiter Fragmente einer Stuckmaske vom Grabboden sammeln

ist der «Übergaberaum», in dem die Verwandten den Leichnam des Verstorbenen während der Bestattung zurückließen. Der Raum ist gerade groß genug, dass vier Personen die Mumie in die Grabkammer weiterreichen konnten, wo weitere vier Personen sie in Empfang nahmen und an ihre Ruhestätte legten. Vertiefungen im Boden deuten darauf hin, dass es zwischen den beiden Räumen einst eine Holztür gab. Die Decke des Vorraums, die an die 2,50 Meter hoch war, muss schon vor langer Zeit eingestürzt sein.

Grab 54 enthielt zahlreiche Mumien aus verschiedenen Generationen derselben Familie. Zwei Kindermumien lagen zwischen zwei Erwachsenen, vermutlich den Eltern

Rechts: Wurde ein Ehepaar gemeinsam bestattet, war häufig der Kopf der Frau dem des Mannes zugewandt; dadurch wurde angedeutet, dass er vor ihr starb

Jede der beiden Grabkammern hat vier in die Sandsteinwände eingelassene Nischen, zwei auf jeder Seite, die Mastabas (bankähnliche Plattformen) bilden. Die Freilegung der zweiten Grabkammer war eine besondere Herausforderung, weil dort eine große Zahl von Mumien auf engem Raum lag, sodass nur wenige Arbeiter den Sand hinaustragen konnten, den wir sorgfältig abgebürstet hatten. Insgesamt 43 Mumien waren in jedem Winkel der Grabkammer beigesetzt, manche sogar übereinander. Daraus folgerten wir, dass das Grab offenbar von einer Familie über mehrere Generationen hinweg benutzt wurde.

Die Archäologen benutzten Steine, um die Köpfe der Mumien, die zu groß für ihre Nischen waren, zu stützen und vor Beschädigungen zu bewahren

Der Autor bürstet Sand von einigen Mumien aus Grab 54

Mumien aus niederen sozialen Schichten sind nur in Leinen gewickelt

Links: Am Ende des Schachts von Grab 55 sieht man die Eingänge zu vier Grabkammern, die im Stil griechischer Tempel erbaut wurden

Linke Seite: Die untere Hälfte der Mumien ist sorgfältig in Leinenbinden gewickelt, die geometrische Muster bilden

Der Bau von Grab 55, das direkt westlich von Grab 54 liegt, ist vollkommen anders und ähnelt eher einem vertikalen Schacht. Die Mumien darin waren vielleicht mit denen aus Grab 54 verwandt, da die Grabstätten so dicht beieinander liegen, oder der viereckige Schacht wurde aus Platzmangel angelegt. Anstelle von Stufen führt er etwa drei Meter tief nach unten zu vier Grabkammern. Die Pforten zu den Kammern sind im Stil altägyptischer Tempeltüren in den Sandstein gehauen, haben seitlich Pylonen und oben ein Gesims. Diese vier eindrucksvollen Portale entstanden offensichtlich vor den Grabkammern, denn das südliche und östliche Portal wurde nie fertig gestellt und benutzt.

Die westliche Kammer war mit einem großen Sandsteinblock verschlossen, den die Verwandten des Verstorbenen jedes Mal, wenn sie ein weiteres Familienmitglied begraben

Eine vollständig bandagierte Mumie, die allein in einer Nische in Grab 55 lag, blieb durch den trockenen Sand etwa 2000 Jahre lang gut erhalten

wollten, beiseite rücken mussten. Wir brauchten einige Tage, um ihn zu entfernen. In der Kammer lagen vier schlecht erhaltene Mumien und einige Tongefäße, die vermutlich Opfergaben an die Götter und Nahrung für die Toten im Jenseits enthielten. Daneben fand sich eine Terrakottastatue, die Bes, dem Gott der Freude, ähnelt.

Die nördliche Grabkammer enthielt drei Skelette, zwei Tongefäße, eine kupferne Fußspange und eine Halskette aus Fayenceperlen, in deren Mitte als Amulett das Udjat-Auge hing. Dieses Auge des Falkengottes Horus sollte die bösen Geister fern halten und dem Verstorbenen bei seiner Reise durch die Unterwelt beistehen. Die Menschen, die hier begraben wurden, gehörten möglicherweise einer ärmeren Schicht an, denn sie sind relativ nachlässig in Leinenbänder gewickelt.

Am Boden des Schachts fanden wir eine einzelne Mumie, die sorgfältig im klassischen Stil des Neuen Reichs bandagiert und überraschend gut erhalten war. Weil diese Mumie keine engen Verwandten zu haben schien und besonders fotogen war, nannte ich sie «Mr. oder Mrs. X» und wählte sie für die Röntgenuntersuchung aus (s. Kapitel 5).

Grab 62, unser nächster Fund, beherbergte 32 Mumien und erwies sich als das größte von allen. Verantwortlich für dieses Grab war Mahmud Afifi, der Chefinspektor der Pyramiden. Es ist entlang zweier Achsen in den Felsen gehauen; die eine verläuft in südwestliche, die andere in südöstliche Richtung. Der Eingang liegt am Ende einer engen Treppe, die etwa drei Meter abwärts in einen Vorraum und zwei davon abzweigende Grab-

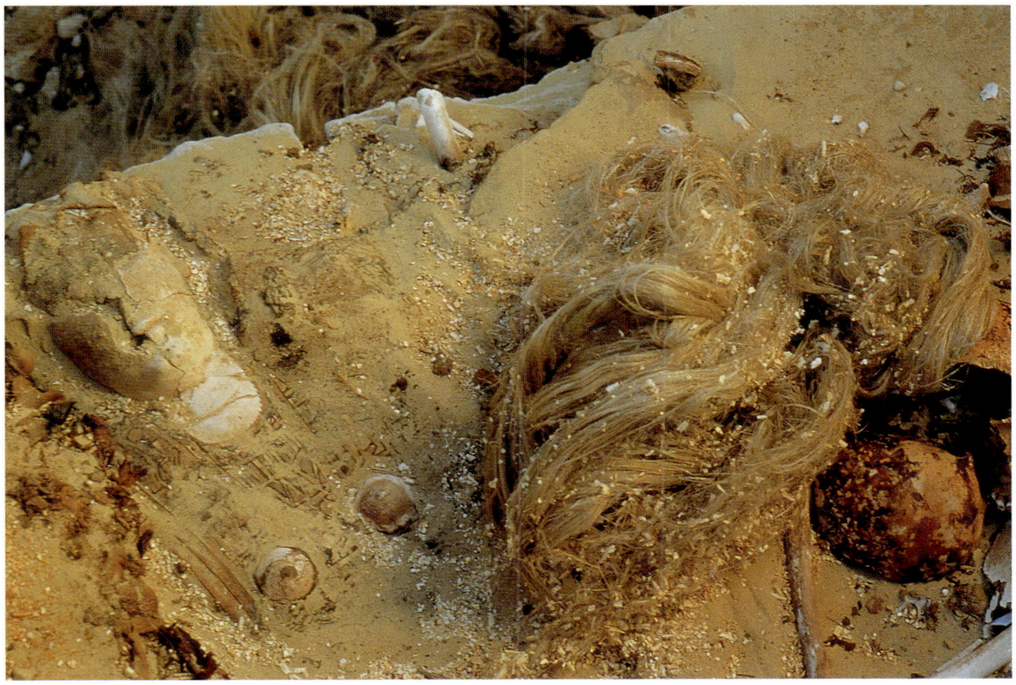

Die Mumien werden zu ihrem Schutz mit getrocknetem Material von Dattelpalmen bedeckt, das die Einheimischen sammeln

Die Brüste weiblicher Mumien wurden in griechisch-römischer Zeit aus Kartonage nachgebildet und manchmal vergoldet

Die Ausgrabung von Grab 62 beginnt

kammern führt. In der ersten Kammer wurden vier kurze Schächte in die Wände gehauen, in der zweiten Kammer nur drei. Eine dritte Kammer wurde anscheinend begonnen und dann aufgegeben. Die Mumien, die wir fanden, waren nicht wie in früheren Epochen mit den Köpfen nach Osten ausgerichtet, sondern in allen möglichen Richtungen gelagert. Manche, unter anderem eine Kindermumie, ruhten in Holzsärgen, während andere in Kartonage, eine Art Gips-Leinen-Gemisch, gehüllt waren, das auf Kopf und Brust der Mumie eine harte Schale bildet. Die meisten Körper waren einfach in Leinen gewickelt, wodurch sie teilweise zerbrachen, als die Decke irgendwann in der Vergangenheit einstürzte. Einige Mumien lagen auf dem Boden, weil das Grab überfüllt war, und bei manchen waren die Köpfe abgebrochen.

In Schacht A der ersten Grabkammer fanden wir Münzen mit Abbildungen, die auf die ptolemäische Zeit (305–30 v. Chr.) datiert werden konnten. Eine der Münzen zeigt ein Porträt von Kleopatra VII., der letzten der griechischen Machthaberinnen. Des Weiteren fanden wir zwei einzigartige Tongefäße, auf die ich in Kapitel 4 näher eingehen werde.

Grab 64 war das letzte, das wir in der Saison freilegten, und das einzige mit intakter Decke. Elf Stufen führen von Norden nach Süden in einen kleinen Vorraum, in dem ein Loch im Boden den Eingang in die Grabkammer bildet. Wir stellten eine Leiter in das Loch (was uns zu der Frage führte, ob die Menschen das im Altertum wohl auch getan hatten) und entdeckten drei Nischen in der Wand. Als damals das gesamte Grab mit

Mumien belegt war, hatte man offenbar links und rechts der Stufen noch zwei Schächte in den Stein gehauen. Zur Linken fanden wir ein Kind, das in Leinenstoff gewickelt war, und zur Rechten fünf weitere Mumien, alle in schlechtem Zustand. Daneben lag die Mumie eines Kindes mit einer vergoldeten Stuckmaske, auf deren dünner Goldschicht in vereinfachter Form seine Gesichtszüge gemalt waren. Diese Maske ist vermutlich auf einem Holzmodell angefertigt und dann nach dem Bandagieren auf die Mumie gelegt worden, anstatt sie direkt auf der Mumie zu formen wie bei anderen Bestatteten. Dieses Grab enthielt insgesamt 18 Mumien.

Häufig lässt sich der Sand am schonendsten durch einen Blasebalg von den Mumien entfernen

Links: Eine stark beschädigte Goldmaske

Ein Arbeiter säubert die Tonsärge aus Grab 1

Unten: Ein Wächter überprüft Grab 1, während die Arbeiter eine Teepause machen

Rechte Seite oben: Grab 1 ist die einzige Grabstätte mit Wandgemälden. Am Eingang erscheinen zwei Abbildungen des schakalköpfigen Gottes Anubis als Herr des Friedhofs; er beschützt die Verstorbenen auf ihrem Weg durch die Unterwelt

Rechte Seite unten: Details des Bildes von Anubis am Eingang zu Grab 1

Grab 1 war recht groß, enthielt aber nur vier Mumien. Ich halte es für ein älteres Grab, weil die geringe Anzahl der Mumien vermutlich bedeutet, dass noch viel Platz auf dem Friedhof war, und weil eine Mumie, die im oberen Schacht gefunden wurde, in einem Sarg mit einem anthropoiden, nach Menschengestalt geformten Deckel lag, was einem früheren Mumifizierungsstil entspricht. Es ist außerdem das bislang einzige Grab mit zwei farbigen Darstellungen von Anubis, dem Gott der Balsamierer, der den Eingang zur Grabkammer bewacht (s. Kapitel 8). Auch die Architektur dieses Grabes unterscheidet sich leicht von der anderer Gräber an der Ausgrabungsstätte, denn zwischen Vorraum und

Grabkammer befindet sich ein separater Raum. Eventuell haben dort die Verwandten den Verstorbenen besucht und Gaben abgelegt, oder es handelt sich um einen Lagerraum. Beides war im altägyptischen Ritus gebräuchlich. Über den Boden verstreut fanden sich Keramikbecher und -gefäße unterschiedlicher Stilrichtungen. Die Grabkammer ist in zwei Bereiche unterteilt und hat übereinander liegende Nischen in römischem Stil.

Als wir in dieser Saison die Grabung beendeten, nahmen wir uns drei Stunden Zeit, um die Ausgrabungsstätte noch einmal zu besichtigen und die nächste Saison zu planen. Nördlich von Grab 1 fand Tarek ein noch nicht freigelegtes Grab mit einem zylindrischen anthropoiden Sarg und darin eine in Leinen gewickelte Mumie in schlechtem Zustand. Der Sargdeckel besteht aus gebranntem Lehm und ist sehr gut erhalten. Es sind sechs Griffe vorhanden, zwei am Deckel und vier am Sarg selbst. Auf den Deckel sind mit gelber, schwarzer und braunroter Farbe das Gesicht eines Mannes und seine Kopfbedeckung gemalt; das Gesicht ist flach und breit, die Stirn schmal, die Augenbrauen lang. Nase und Augenbrauen, die zu einer Linie zusammenlaufen, sind als einzige Gesichtszüge erhaben gestaltet. Der hell-dunkel gestreifte Kopfschmuck im altägyptischen Stil umrahmt das Gesicht und erinnert an Pharaonenmasken. Der Kragen, der aus vier Reihen

Das Gesicht auf dem anthropoiden Sarg ist mit gelber, schwarzer und roter Farbe bemalt

Links: Ein Konservator reinigt das Äußere des zylindrischen anthropoiden Sargs aus Grab 1

Linke Seite: Der einzige anthropoide Sarg, der bisher im griechisch-römischen Friedhof gefunden wurde, enthält eine in Leinen gewickelte Mumie. Ein separates Teil, das wie ein Mumienkopf geformt ist, passt auf den Tonsarg

geschwungener Linien besteht, ist die stilisierte Version des *wskh*, dessen religiöse und rituelle Bedeutung mit dem Schöpfergott Atum assoziiert ist.

Anders als bei älteren ägyptischen Grabstätten legte man bei keinem der Räume, Stufen oder Schächte im Tal der goldenen Mumien Wert auf exakte Winkel, und keine der Wände zeigt Inschriften, Malereien oder Reliefs, das Bild des Anubis in Grab 1 ausgenommen. Es gibt deshalb keine Möglichkeit, genau festzustellen, wer diese Mumien einmal waren. Da die Ausschmückung der Gräber und der Mumien und die Architektur jedoch ausschließ-

Die vergoldeten Mumien stammen aus der wohlhabenden Bevölkerungsschicht von Bahariya und waren vielleicht Kaufleute und Landbesitzer

Rechts: Einige der besonders reichhaltig verzierten Mumien

lich in griechisch-römischem Stil gehalten sind, konnten wir den Nutzungszeitraum des Friedhofs eingrenzen: auf etwa 332 v. Chr., als Alexander der Große herrschte, bis zur römischen Besatzungszeit, in der die Oase ihre Blütezeit erlebte, vielleicht sogar darüber hinaus bis ins vierte oder fünfte nachchristliche Jahrhundert.

Nachdem er die Mumien für die Nacht zugedeckt hat, schließt ein Wächter den Eingang zu Grab 54, das jetzt mit einem Holzdach versehen ist, weil die ursprüngliche Sandsteindecke eingestürzt war

Wenn wir bei Sonnenuntergang ins Hotel zurückkehrten, waren wir immer sehr erschöpft. Da wir schmutzig, hungrig und müde waren, fiel die Entscheidung schwer, was wir am meisten brauchten – eine Dusche, Essen oder ein Bett. Ich zog mich nach der Dusche am liebsten mit einer Shisha-Pfeife in den Innenhof zurück. Um acht Uhr aßen wir gemeinsam mit dem Team vom *National Geographic* zu Abend. Um 9 Uhr 30 kehrte Ruhe ein. Davor ging es allerdings lebhaft zu, denn Mansur erzählte Witze und imitierte unermüdlich sämtliche Mitarbeiter des Teams. Jeden Abend kamen einige Dorfbewohner, um zu hören, was wir gefunden hatten, und wir ließen die Pfeife kreisen und erzählten Aufregendes vom Tage. Eines Abends erschien der Bürgermeister der Stadt und berichtete, wie sich Bahariya seit 1949 verändert hatte. Damals hatte der ägyptische Archäologe Ahmed Fakhri die Oase besucht und ihre ungewöhnlichen Monumente erforscht und beschrieben.

3 Die goldenen Mumien

In den ersten fünf Gräbern entdeckten wir vier unterschiedliche Typen von Mumien. Der erste Typus, von Kartonage und Gold umhüllt, repräsentiert wohlhabende Personen, vielleicht Kaufleute aus der Umgebung. Etwa 60 dieser Mumien tragen goldene Masken und manche auch goldene Brustplatten mit Reliefs ägyptischer Gottheiten. Die Mumien A und B, die im Weiteren beschrieben werden, gehören zu diesem Typus. Ich erinnere mich an einen Morgen, an dem ihre vergoldeten Gesichter besonders eindrucksvoll aussahen. Wir waren so in unsere Arbeit vertieft, dass wir nicht merkten, wie die Sonne höher stieg, bis sie fast über uns stand. Plötzlich fielen die Sonnenstrahlen in die Grube, in der wir arbeiteten, und ließen das Gold der Mumien hell aufblitzen. Wir waren wie geblendet und von der reichhaltigen Ausbeute unserer Grabungen überwältigt.

Der zweite Mumientypus ist mit Leinenstreifen bandagiert, und Teile des Oberkörpers sind von Kartonage bedeckt, die über der Brust mit Darstellungen der Totengötter bemalt ist. Unsere sonst so gelassenen Archäologen gerieten mehrfach aus der Fassung, wenn sie solche Mumien freilegten, denn viele von ihnen haben sehr lebendige Augen. Wenn man langsam den Sand von einer Mumie bürstet, weiß man nie genau, wann die Gesichtszüge erscheinen werden. Plötzlich blicken ihre Augen dann durch den Sand und starren den Grabenden an. Diese Augen sind sehr schön gearbeitet: Eine Iris aus schwarzem Obsidian ist in weißen Marmor eingelegt. Manche Augen sehen aus, als seien sie gerade eben poliert worden, und zur Mittagszeit reflektieren sie das Licht auf eine Weise, die sie zum Blinken bringt. In einigen Fällen sind die Augen sogar von Bronze oder Kupfer umgeben und haben kleine Stacheln als Wimpern, was den geradezu unheimlichen Effekt noch verstärkt. Bei wenigen Mumien waren die Augen verrutscht, sodass sie in verschiedene Richtungen zeigten, und die Art und Weise, wie sie da aus dem Sand herausschielten, machte uns recht nervös.

Der dritte Mumientypus ist nur mit Leinen bandagiert, das oft geometrische Muster bildet. Jede Bemalung oder Vergoldung fehlt. Diese Mumien waren Angehörige der Mittelklasse, vielleicht Gutsbesitzer. Der vierte Typus ist achtlos eingewickelt, und in einigen Fällen haben sich die Bandagen gelöst und die Körper sind fast vollständig karbonisiert. Hier handelt es sich zweifellos um die ärmsten Mitglieder der Gemeinschaft.

Von den 105 Mumien, die im Tal der goldenen Mumien entdeckt wurden, befinden sich jetzt sechs im Museum von Bahariya. Bevor wir sie dorthin transportierten, musste Nasri Iskander, Chefkonservator der Königsmumien im Ägyptischen Museum von Kairo, sie entsprechend präparieren. Er säuberte sie sehr sorgfältig und behandelte die äußere Hülle mit Chemikalien. Bei dieser Arbeit werden immer organische Partikel aufgewirbelt, und

Dieses Paar muss sehr reich gewesen sein, es konnte sich eine teure Art der Mumifizierung leisten. Ehepaare wurden nebeneinander bestattet, um auch im Jenseits zusammenzubleiben

Rechts: Die beschädigte Maske einer Mumie, deren Leinenbandagen von schwarzer Farbe durchtränkt waren

Unten: Eine von mehreren Mumien mit Augen aus weißem Marmor und schwarzem Obsidian sowie kleinen Kupferstacheln als Wimpern. Teile der Stuckhülle sind abgebrochen, sodass man die Leinenbinden darunter erkennt

Seite 52: Die Stuckmasken der griechisch-römischen Zeit wurden möglichst lebensecht gestaltet, vielleicht damit der *ba* des Verstorbenen den Körper wieder erkennen und in ihn eingehen würde

Die Füße dieser Mumien wurden in typisch römischem Stil mit gefärbten Leinenbinden umwickelt, die ein Rautenmuster bilden

Oben: Zwei Kindermumien liegen zwischen Erwachsenen, vermutlich ihren Eltern. In griechisch-römischer Zeit wurden die Menschen nach Familienzugehörigkeit in Massengräbern bestattet

Links: Ein Konservator trägt Schutzhandschuhe, während er eine gerade freigelegte Mumie aus Grab 54 säubert

das Tragen einer Gesichtsmaske ist unerlässlich. Für den Transport wurden gut erhaltene goldene Mumien ausgewählt, die im Museum letztlich am besten aufgehoben sind.

Mumie A Wir fanden sie neben Mumie B in Grab 54, und sie vertritt den ersten Typus. Sie ist vollständig mit Leinentüchern bandagiert und trägt eine Brustplatte aus Kartonage. Kopf und Brust sind üppig vergoldet. Das Gesicht ist lang und schmal und wohl das eines Mannes von etwa fünfzig Jahren. Er trägt ein Stirnband mit farbigen Fayencestückchen und Halbedelsteinen. Um die Stirn ranken sich modellierte Blätter und Blumen, mit einer Uräusschlange in der Mitte. Rechts und links des Halses sind die Göttinnen Isis und Nephtys abgebildet, die den Toten mit ihren Schwingen beschützen. In der griechisch-römischen Zeit war es nicht ungewöhnlich, dass königliche Symbole wie die Uräusschlange auch bei Personen aus der Bevölkerung Verwendung fanden.

Die Brustplatte ist durch Einlegearbeiten aus Fayence vertikal in drei Abschnitte mit Flachreliefs unterteilt. Jeder Abschnitt wird wiederum durch horizontale Goldstreifen in

Mumie A, jetzt im Museum von Bahariya, trägt als Imitation einer Königskrone eine vergoldete Uräusschlange und ein Stirnband mit Einlegearbeiten aus Fayence und Halbedelsteinen

Links oben: Die vergoldete Brustplatte von Mumie A mit Bildern der geflügelten Göttin Maat und zwei der vier Horus-Söhne sowie darunter dem Gott Thoth als Ibis

Linke Seite: Vergoldete Mumie eines Mannes mit ägyptischen Motiven in griechisch-römischem Stil (Mumie A)

Mumie A ist die bislang am besten erhaltene männliche Mumie

Unten: Mumie B ist eine weibliche Mumie, die wir in bestem Zustand vorfanden

Rechte Seite: Maske und Brustplatte der Mumie B

einzelne Bildfelder gegliedert. Den Hals ziert eine Lotosblume, und die rechteckige Intarsie in der Mitte zeigt ein geometrisches Muster, das möglicherweise Edelsteine nachahmt. Im obersten Bildfeld des mittleren Abschnitts ist eine geflügelte Gestalt zu sehen, vielleicht Maat, die Göttin der Wahrheit und Gerechtigkeit, die eine wesentliche Rolle beim Übergang des Verstorbenen ins Jenseits spielt. Die Abbildung unter ihr zeigt zwei der vier Söhne des Horus, rechts Qebehsenuef und daneben Duamutef, beide sitzend und mit einem rituellen Messer in der Hand. Unter ihnen befindet sich der Ibis des Weisheitsgottes Thoth, der die Feder der Maat hält, welche auf einer Waagschale gegen das Herz des Verstorbenen gewogen wird (zum religiösen Glauben s. Kapitel 8).

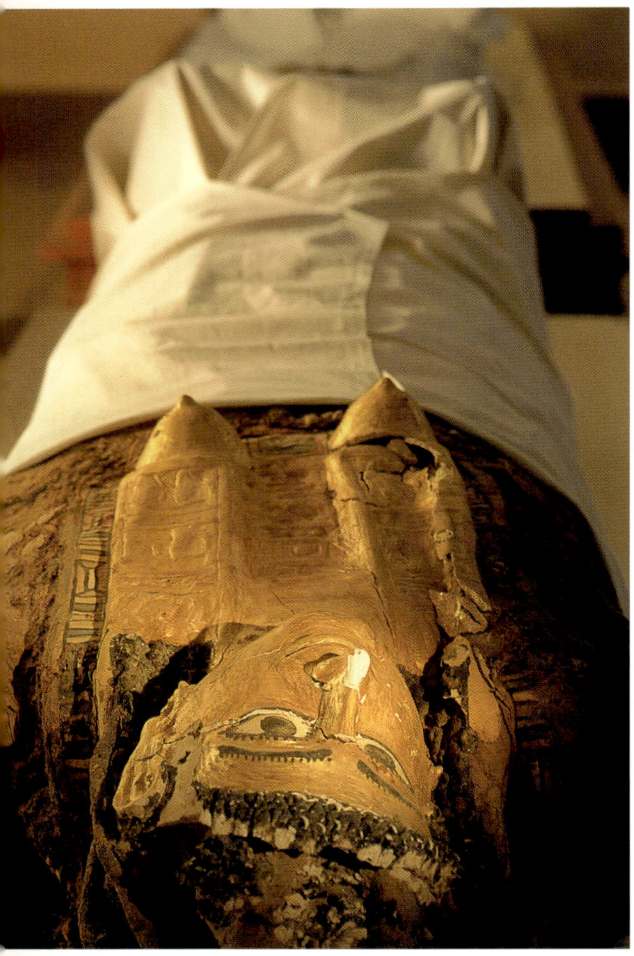

Die oberste Figur im rechten Abschnitt ist einer der vier Söhne des Horus, dessen Gesicht nicht zu identifizieren ist. Unter ihm sitzt, ein Messer haltend, Imsety, ein weiterer Sohn, und darunter wieder zwei Horus-Söhne, rechts Hapy und links Duamutef. Das unterste Bildfeld enthält den schakalköpfigen Anubis, den Gott der Balsamierer, mit dem Symbol der Wiedergeburt und Erneuerung.

Der linke Abschnitt zeigt von oben nach unten: Qebehsenuef sitzend mit Messer, Imsety ebenfalls sitzend mit Messer, darunter, beide stehend, Qebehsenuef und Hapy.

Unten ist Anubis noch einmal spiegelverkehrt zu der Gestalt im rechten Abschnitt abgebildet.

Mumie B Die vergoldete Mumie einer Frau aus Grab 54 fiel mir während der Ausgrabungen gleich auf und ihr Bild blieb mir noch lange vor Augen. Wir fanden sie neben Mumie A, die ich für ihren Ehemann halte. Beide sind auf die gleiche Art vergoldet und geschmückt und lagen dicht nebeneinander in ihrer Nische. Ungewöhnlich an diesem Paar ist vor allem, dass der Kopf der Frau leicht nach rechts geneigt ist, sodass sie ihren Mann in der Ewigkeit liebevoll anzublicken scheint. Er muss vor ihr gestorben sein, und

Oben: Diese Mumie scheint zu lächeln – ein seltener Anblick

Unten: Auf die realistisch nach menschlichem Vorbild geformte Kartonagehülle, die über den kunstvoll gewickelten Leinenbinden lag, wurde eine dünne Goldschicht gemalt

Oben: Deutlich erkennbare Brüste sind bei weiblichen Mumien ein typisches Merkmal der griechisch-römischen Periode

Unten: Dieses gemalte Bild zwischen den vergoldeten Brüsten von Mumie B stellt einen Stier dar, vermutlich den Gott Serapis, der während der griechisch-römischen Zeit um Alexandria verehrt wurde

vielleicht hat sie darum gebeten, neben ihm bestattet zu werden. Ein weiteres auffälliges Merkmal ist ihr Mona-Lisa-Lächeln, das ihrem Gesicht einen rührenden Ausdruck verleiht, so als freue sie sich, neben ihrem Mann zu ruhen. Lächelnde Mumien sind sehr selten. Vielleicht war diese Frau im Leben für ihr fröhliches Gesicht und ihr Lachen bekannt. Wenn man Mumien betrachtet und sieht, wie ausdrucksvoll und unterschiedlich ihre Züge dargestellt sind, macht man sich unweigerlich Gedanken über ihre Persönlichkeit. Bei weiblichen Mumien, die im griechisch-römischen Stil konserviert wurden, modellierten die Einbalsamierer stets die Brüste und Brustwarzen, um ihre Weiblichkeit zu betonen. Die Brüste von Mumie B sind recht tief angesetzt und wie der restliche Brustkorb und das Gesicht vergoldet.

Wie bei den anderen Mumien ist auch hier die Brustplatte in drei Abschnitte gegliedert. Im mittleren Abschnitt gleich unter dem Hals ist ein Sarg dargestellt, aus dem ein Kopf und zwei Schwingen hervorschauen – vielleicht Isis, die den Sarg der Verstorbenen beschützt. Darunter sieht man Anubis und ganz unten drei Farbquadrate, eines schwarz, eines hellrot und eines mit dem Bild eines schwarzen Stiers, vermutlich Serapis, der heilige Stier, der die Sonne zwischen den Hörnern hält. Der rechte Abschnitt zeigt oben drei Kobras mit Sonnenscheiben, darunter zwei Bildfelder mit je zwei Horus-Söhnen; diese Szene wiederholt sich links mit den anderen beiden Söhnen. Seitlich des Halses, unter den Ohren, schützen Isis und Nephtys die Verstorbene mit ihren Flügeln. Die schwarzen Locken der Mumienmaske sind aus bemalter Kartonage modelliert, ebenso die Schmuckbänder, die die Bildszenen umrahmen.

Mumie C Diese Mumie, die dem zweiten Typus angehört, wurde ebenfalls in Grab 54 gefunden. Sie ist in mehrere Leinenschichten gewickelt; darüber liegt auf Brust, Schultern,

Unten: Die Krone von Mumie C zeigt das Goldrelief eines stilisierten Falken (Horus mit Sonnenscheibe) und zwei Kobras

Unten links: Mumie C, jetzt im Museum von Bahariya, lässt alle drei Schichten der Mumifizierung erkennen: die sich geometrisch überlappenden Leinenbinden, eine bemalte Kartonagehülle, die auf dem Oberkörper modelliert wurde, sowie die Vergoldung auf Kopf und Gesicht

Die Uräusschlange auf der Stirn durfte im Altertum nur der König tragen, doch in der griechisch-römischen Zeit lockerte sich dieser Brauch

Hals und Kopf eine dicke Schicht Kartonage mit den traditionellen Bildern der Totengötter, wie man sie in früheren Zeiten auf die Wände der Grabkammern malte. Die sorgfältig modellierte Stuckmaske des Verstorbenen, die einen jungen Mann darstellt, ist mit einer dünnen Lage Gold belegt. Eine kreisrunde Krone aus Gips zeigt vier Reihen Blätter und Blüten, das griechische Motiv der Heldenbekränzung. In der Mitte der Krone richtet sich die Uräusschlange auf, ein königliches Symbol, das den hohen gesellschaftlichen Status des Toten anzeigt. Auf dem oberen Teil der flachen Krone ist das vergoldete Modell eines fliegenden Falken zu sehen, von dessen Flügeln, wie bei der Göttin Maat, zwei Federn abstehen. Der Kopf des Falken wird von einer Sonnenscheibe gekrönt, aus der sich zwei Kobras hervorschlängeln. Der Falke steht für Horus, und in seiner stilisierten Dar-

Szenen aus der Unterwelt zeigen einen Tisch mit Opfergaben und davor Osiris und zwei der vier Horus-Söhne: Imsety mit einem Menschenkopf und Duamutef mit dem Kopf eines Schakals

Unten: Die Stuckperücke von Mumie C besteht aus schwarzen Locken im griechischen Stil. In dieser Zeit malte man die Götter, die früher auf den Grabwänden abgebildet worden waren, direkt auf die Mumie

stellung vermischen sich die ägyptische und die griechische Bildsprache auf einzigartige Weise.

Die Brustplatte der Mumie ist mittels vertikaler schwarzer Farbstreifen in drei Abschnitte gegliedert, die alle mit den Figuren von Göttern ausgemalt sind, die bei der Reise durch die Unterwelt Beistand leisten. Ganz oben erscheint Osiris, der Herrscher der Unterwelt, mit einer Krone vor einem Gabentisch sitzend. Er hält zwei verschiedene Arten Königszepter in der Hand. Unter Osiris befindet sich ein Ibis, Repräsentant des Gottes Thoth, auf einer Hieroglyphe mit der Bedeutung «Herr». Die Feder der Maat ragt aus dem Bein des Ibis heraus. Den Abschluss nach unten bilden dekorative Dreiecke.

Über dem obersten rechten Abschnitt ist das Fragment einer stehenden Figur zu sehen, vielleicht Horus, der einen nicht identifizierbaren Gegenstand in der Hand hält. Unter ihm erscheinen drei Kobras mit Sonnenscheiben zum Schutz des Verstorbenen. Die Szene unter den Kobras stellt zwei sitzende Söhne des Horus mit Messern dar, links Qebehsenuef und rechts Imsety. Unter ihnen bietet ein stehendes Abbild des Toten Osiris und Thoth einen Gegenstand dar, der ein Weihrauchgefäß sein könnte.

Links finden sich spiegelbildliche Wiederholungen der Bilder auf der rechten Seite. Die fragmentarische Figur ganz oben könnte der Gott Seth, die Verkörperung des Bösen,

Unten: Die Mumie eines Jungen, vermutlich der Bruder des Mädchens; beide waren etwa fünf Jahre alt, als sie starben

Rechts: Vergoldete Maske der Kindermumie mit griechischem Stirnband aus Stuck

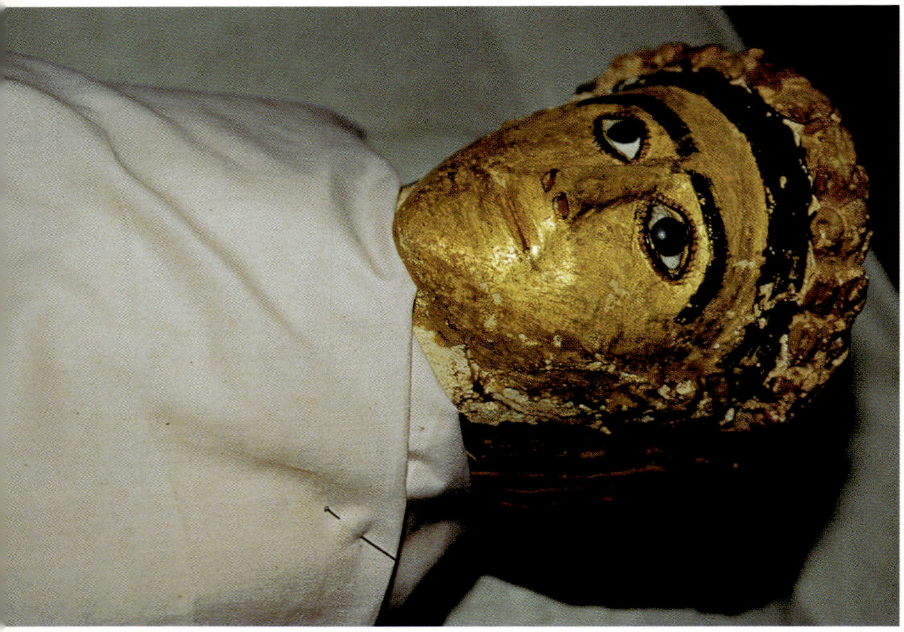

sein. Die Bildfelder darunter zeigen drei Kobras und wiederum darunter die beiden anderen Söhne des Horus, Duamutef und Hapy. Das Bild ganz unten zeigt den Verstorbenen mit einem Gestell, auf dem der Schakalgott Wepwawet abgebildet ist, der die Tore zur Unterwelt öffnet; daneben sieht man gekreuzte Zepter, die wir sonst bei Osiris finden.

Der kleine Junge Dieser kleine Körper, nur 86 Zentimeter groß, gehörte einem etwa fünfjährigen Jungen. Sein ganzer Körper ist umwickelt, und auf dem Kopf liegt eine vergoldete Gipsmaske. Die Augen, Augenbrauen und das kurze Haar sind mit schwarzer Farbe aufgemalt, und sein kleines Stirnband ist mit roten und gelben Blumen und Blättern verziert. Nase und Lippen sind sehr schmal. Die Mumie lag in Grab 54 neben einem

Mädchen derselben Größe; wir nehmen an, dass es sich um Geschwister handelte. Sie sind beide als Typus 3 klassifiziert.

Das kleine Mädchen Diese kleine weibliche Mumie ist mit Leinenstreifen bandagiert, die dasselbe geometrische Muster erkennen lassen wie das der Jungenmumie; sie trägt eine ähnliche Gipsmaske, deren Augen und Augenbrauen etwas femininer wirken. Wie Mumie B lächelt sie leicht. Beide Ohren sind erhalten, wenn auch das linke Ohr abgefallen ist. Ihr Haar ist als kurz und lockig dargestellt und bildet einen schwarzweiß gemalten Kranz. Ihre Maske reicht bis zur Brust hinunter. Sie zeigt Szenen mit den vier Horus-Söhnen und auf den Seiten Kobras und Abbildungen von Anubis.

Die Mumie eines Mädchens aus Grab 54, die jetzt im Museum von Bahariya liegt. Einige der aus Stuck geformten, schwarz bemalten Locken sind herabgefallen

Die Mumie einer jungen Frau, die für ihre Hochzeit im Jenseits als Braut hergerichtet wurde

Die Braut Eine der Mumien, die in Grab 54 verblieb, war eine junge Frau, deren Gipsmaske auf eine Braut hindeutet. Ihre Augen und Augenbrauen sind dunkel, das Gesicht dagegen weiß mit roten Kreisen auf den Wangen – ein Zeichen, dass sie auf besondere Art geschminkt war. Sie trägt eine ungewöhnliche Kopfbedeckung, und auf die Brustplatte ist eine Halskette gemalt. Darunter sieht man die vier Horus-Söhne, die Kobras mit Sonnenscheiben und einen Ibis. Die Brüste der Mumie, ebenfalls aus Kartonage modelliert, sind kleiner als die der älteren weiblichen Mumien und rosarot koloriert.

Ich nehme an, dass diese junge Frau kurz vor ihrer Hochzeit gestorben ist, sodass ihre Familie den Körper präparieren ließ, als sei sie eine Braut. Nach dem Glauben der alten Ägypter fand bei denjenigen, die im Leben nicht geheiratet hatten, die Hochzeit im

Bei diesen bemalten Stuckmasken (jetzt als Einzelstücke im Museum zu sehen) sind Haare, Stirnbänder und Halsschmuck nach griechischem Stil gestaltet

Jenseits statt. Ich war sehr berührt von dem glücklichen, unschuldigen Gesichtsausdruck dieser Mumie und konnte mir vorstellen, wie sehr ihre Verwandten und ihr Verlobter ihren frühen Tod betrauert hatten.

Die Szenen auf der Brustplatte sind vereinfachte Versionen der Vignetten, die die Totentexte und Zauberformeln illustrieren, die dem Verstorbenen zum Eintritt in die Unterwelt verhelfen sollten. Diese Texte wurden während des Alten Reichs in die Grabwände gemeißelt, später im Mittleren Reich auf die Särge geschrieben und erschienen schließlich im Neuen Reich auf Papyri (heute bekannt als *Totenbuch*), die den Verstorbenen ins Grab mitgegeben wurden. Zu der Zeit, in der im Tal der goldenen Mumien Beisetzungen stattfanden, wurden die Texte direkt auf die Körper der Verstorbenen ge-

Die Ausgrabungsstätte bei Sonnenuntergang, nachdem das Team ins Hotel zurückgekehrt ist

malt. Die wichtigsten Figuren dabei sind Osiris, der Totengott, der das Urteil über die Verstorbenen spricht, sein Sohn Horus, der Falkengott und Herrscher über die Lebenden, der schakalköpfige Anubis, Gott der Einbalsamierer und Bewahrer des Schlüssels zur Unterwelt, Thoth, der Gott der Weisheit, und Maat, die Göttin der Wahrheit und Gerechtigkeit, deren Feder gegen das Herz des Verstorbenen abgewogen wird, um seine Reinheit zu prüfen, bevor Osiris entscheidet, ob er ihm das ewige Leben gewährt oder nicht. (Kapitel 8 enthält eine detailliertere Erläuterung des altägyptischen Glaubens.)

Die Uräusschlange oder Kobra erscheint im alten Ägypten in der Regel nur auf der Krone des Pharaos, aber unter den Römern finden königliche Kultelemente wie Kronen, Szenen der Vereinigung von Unter- und Oberägypten, der Bart des Gottkönigs und die Uräusschlange auch in der Bevölkerung Verwendung. Die Götter auf den Brustplatten sind rein ägyptischen Ursprungs, allerdings zeigen ihre Frisuren, Kopfbedeckungen und realistischen Züge und die stilisierte Art der Götterdarstellungen (z. B. Horus bei Mumie C) römischen Einfluss. Dies lässt vermuten, dass die Bevölkerung noch den traditionell ägyptischen Glaubensvorstellungen anhing, auch wenn sich in der künstlerischen Gestaltung der römische Stil durchsetzte. Auch die Bildersprache, die Machart und die Befestigung der Mumienmasken können als Datierungskriterien herangezogen werden. Im Fall der goldenen Mumien legen alle Merkmale eine Datierung auf das Ende des ersten

Jahrhunderts n. Chr. nahe, allerdings könnten sich manche Mumien auch auf Grund der Grabbeigaben als älter erweisen. Die genaue Zeitspanne, in der der Friedhof benutzt wurde, kann erst festgelegt werden, wenn die Ausgrabungen abgeschlossen sind, und das wird noch mehrere Jahrzehnte dauern.

In der Zwischenzeit entsteht mit Hilfe der Mumien, der Artefakte, der Brustplatten, anderer Monumente und sogar der Einbeziehung der heutigen Bewohner allmählich ein Gesamtbild der Bewohner von Bahariya in griechisch-römischer Zeit. Obwohl bislang keine Überreste römischer Herrscher gefunden wurden, wissen wir, dass sie sehr aufwändige Begräbnisse hatten. Wir nehmen an, dass die meisten goldenen Mumien den zweiten Stand repräsentierten, eine wohlhabende und relativ hochrangige Schicht von Kaufleuten und Landbesitzern.

Am Ende des Tages macht ein Wächter einen letzten Rundgang über die verlassene Ausgrabungsstätte

4 Fundstücke aus den Gräbern

In den Gräbern im Tal der goldenen Mumien fanden wir viele großartige Artefakte, die als Opfergaben dienten oder für die Verwendung im Jenseits direkt neben den Mumien platziert waren. Solche Objekte ermöglichen den Archäologen eine gute Vorstellung von dem religiösen und wirtschaftlichen Status der Personen, denen sie mitgegeben wurden, und wenn Statuetten vorhanden sind, lässt sich daraus schließen, welche Götter und Göttinnen verehrt wurden. So hatte man beispielsweise zu Füßen dreier Mumien zu deren Schutz einen aus Holz geschnitzten Kopf der löwenköpfigen Kriegsgöttin Sechmet aufgestellt. Er misst 39,5 Zentimeter und ist sehr fein gearbeitet; der offene Mund ist schwarz ausgemalt und die aus dunklem Stein eingefügten Augen bezeugen ihre Macht.

Dieses Objekt erinnerte mich an unsere Epigrafin Noha Abdul Hafiz, das einzige weibliche Mitglied unseres Teams. Sie hat das breite Gesicht der pharaonischen Ägypterinnen und besonders geduldige Hände, mit denen sie jeden neuen Fund, einschließlich Münzen und Schmuck, abzeichnete. In Bahariya ging sie von Grab zu Grab, breitete Pauspapier über die Brustplatten der Mumien und kopierte die Szenen darauf.

Mehrere Tonstatuetten von Muttergöttinnen, die wir bei den Toten fanden, lassen darauf schließen, dass das alte Konzept der Wiedergeburt sich auch in der griechisch-römischen Zeit noch hielt. Diese stilisierten weiblichen Körper mit breiten Hüften und großen Brüsten waren schon in der prädynastischen Zeit wichtige Objekte der Verehrung, nicht nur in Ägypten, sondern auch in Griechenland und im übrigen Mittelmeerraum. Sie finden sich – was nicht überrascht – auch noch zu einer Zeit, in der häufig dargestellt wird, wie die große Mutterfigur Isis ihren Sohn Horus stillt, damit dieser stark genug wird, um seinen Vater Osiris zu rächen. Jeder lebende König war der Vertreter von Horus, dem Sonnengott, und Frauen wurden als Säulen der Zivilisation betrachtet. Obwohl die in Bahariya gefundenen Figuren die traditionell übliche Form haben, weist, wie Mansur Boriak erkannte, die Gestaltung der Brüste, des Gesichts und des Sockels einen ganz eigenen künstlerischen Stil auf.

So gleicht die untere Hälfte einer 18 Zentimeter hohen Statuette eher einem Zylinder als einem Körper mit Beinen. Die Figur hat dicke Lippen und Augenbrauen, große Ohren, kurzes Haar und große Brüste, zwischen denen eine dunkle Linie gezogen ist. An einer anderen, etwas größeren Figur bemerkt man sowohl weibliche als auch männliche Züge – einen rechteckigen Kopf, braunes Haar, eine große Nase, dicke Lippen und einen kurzen Hals. Ihre Brüste sind groß – ein Zeichen für Fruchtbarkeit –, und ungewöhnlich ist, dass eine Hand unter der Brust liegt, vielleicht als symbolische Geste für die Leben spendende Erneuerung.

Oben und rechts: Mutterfiguren aus Ton galten als Symbole der Fruchtbarkeit

Seite 70: Mehrere Schmuckstücke, unter anderem ein Tonamulett als Fruchtbarkeitssymbol. Solche Amulette wurden mit Perlen aufgefädelt und dienten kultischen Zwecken

Nicht selten tauchen Frauen in der ägyptischen Kunst auch als Trauernde auf. In Grabstätten des Neuen Reiches sind weinende Figuren auf die Wände gemalt, doch in unserem griechisch-römischen Friedhof erscheinen sie in Form von Statuetten. Es gehörte zum alten Bestattungsritus, Klageweiber zu engagieren, die dem Toten zum Grab folgten. Diese Tradition existiert heute noch in einigen Dörfern Unterägyptens, in denen einheimische Frauen dafür bezahlt werden, dass sie sich schwarz kleiden, hinter dem Lei-

chenzug hergehen und sich als Zeichen des Kummers auf den Kopf schlagen. Wir nehmen an, dass die Terrakottastatuetten die Toten beweinen sollten. Zwei der «Trauernden» haben die Hände vors Gesicht geschlagen, und bei einer dritten liegt eine Hand auf dem Kopf. Bisher haben wir erst vier dieser Figuren gefunden, und zwar bei den am reichsten geschmückten Mumien aus Grab 54. Möglicherweise waren so ehrenvolle Beigaben hochrangigen Personen vorbehalten.

Ähnliches könnte für Gefäße gelten, die wie kleine Likörgläser aussehen. Ihre Funktion ist nicht vollständig geklärt, aber es ist möglich, dass sie mit Tränen gefüllt für die Verstorbenen im Grab zurückgelassen wurden. Manche Archäologen vermuten, es könne sich um Wasser- oder Weingläser handeln oder sie seien mit einer Salbe oder *kohl* (eine Substanz, mit der Frauen sich die Augen schminkten) gefüllt gewesen. Wir fanden acht von ihnen neben den Mumien in Grab 54.

Neben den Kindermumien lagen kleine Tierfigürchen, vermutlich als Spielzeug für das Jenseits gedacht. Eines davon war ein Terrakottapferd, dessen Mähne und Schweif sehr akkurat modelliert waren; die beiden Löcher, die die Augen darstellen, dienten vielleicht dazu, das Pferdchen an eine Schnur zu hängen.

In einigen Gräbern entdeckten wir bei den weiblichen Mumien Schmuckstücke, teils Accessoires, die sie im täglichen Leben trugen, teils solche, die in ihre Bandagen einge-

Glasgefäße als Grabbeigaben enthielten Salben oder Schminke, aber vielleicht auch symbolische Tränen der trauernden Angehörigen

Oben rechts: Dieses Tonpferd lag bei einer Kindermumie als Spielzeug für das Jenseits

Oben links: Amulette in Gestalt klagender Frauen, die die Hände über die Augen oder auf den Kopf legen, beweinen den Verstorbenen in der Ewigkeit

Armreif aus Elfenbein, der zu rituellen Zwecken neben einer Mumie lag

Oben: Auch dieses Fayencearmband war zu rituellem Gebrauch bestimmt und wurde nicht als Schmuckstück getragen

Rechts oben und rechte Seite: Verschiedene Fayencehalsketten für das Leben im Jenseits

wickelt und für das Jenseits bestimmt waren. Am Bein eines der Skelette befand sich ein Paar schwere, kupferne Fußspangen, die auf der Seite geöffnet werden konnten. Es gab drei Armreifen aus schwarzem Glas, zwei aus hellblauem Glas und andere mit grüngelben Flachrelief-Verzierungen. Drei Armreifen waren aus Elfenbein geschnitzt.

In der Umgebung von Mumien, deren Bandagen fast vollständig abgefallen waren, fanden sich Ringe, die alle sehr ähnlich aussahen – ein dünner Reif mit einem flachen Viereck darauf. Vier der Ringe waren aus Bronze, einer aus Silber. Ein Ring, der noch am Finger einer jungen Frau steckte, war aus schwarzem Glas gefertigt.

Auch Halsketten gehörten zu den Fundstücken. Eine von ihnen bestand aus

dunkelblauem Glas mit schwarzen und gelben Perlen und hatte als zentrales Element einen großen Achat. Eine junge weibliche Mumie trug eine Kette aus unterschiedlich geformten Gliedern, darunter solche aus rotem Achat. Bei einer weiteren Kette reihten sich Glasperlen in leuchtenden Farben – gelb, dunkelblau und schwarz – aneinander, dazu kamen eine Fayenceperle, drei einfache Ketten und Halbedelsteine wie Bernstein und Onyx. In der Mitte der Kette befand sich ein Udjat-Auge aus blauer Fayence. Einige der Stücke waren aus grauem Schiefer angefertigt. Im Staub lagen lose Perlen aller Arten, die aus Halsketten, Armreifen und Fußspangen herausgebrochen waren.

Nur ein zarter Silberohrring wurde gefunden; in seiner Nähe stand ein kleines Gefäß mit *kohl*. Der einzige Goldschmuck, den wir fanden, waren drei Ohrringe. Ein Paar war mit dem Gesicht eines Gottes verziert, vielleicht Serapis mit der Sonnenscheibe. Der einzelne Ohrring zeigt eine Frau, die die Hände auf den Kopf gelegt hat, vielleicht Hathor, die Göttin der Schönheit, oder ihr griechisches Pendant Aphrodite.

Der Schmuck für rituelle Zwecke war auf oder neben die Mumien gelegt und mit Leinen umwickelt worden. Winzige geschnitzte Götterfiguren hingen mit ihren runden Köpfen, die an Kaffeebohnen erinnern, aneinander; sie sollten den Verstorbenen beschützen und seine Wiederkunft sichern. Bei zwei Halsketten aus Grab 54 dienten zahlreiche Muttergottheiten und Phalli als Talismane für eine immer währende Erneuerung. An einer anderen Kette hingen sieben Amulette: ein Pferd, der schakalköpfige

Wepwawet, eine Scheibe mit einem Loch, das die Vagina und damit die Wiedergeburt darstellen könnte, eine Fruchtbarkeitsgöttin, ein Phallus, ein grünes Fayenceamulett als Zeichen der Wiedergeburt und ein weiterer Phallus, der vielleicht Min, den Gott der Fruchtbarkeit, repräsentiert. Andere Mumien trugen ähnliche Amulette, denen die Figur einer Braut, ein Stern oder der Horus-Falke hinzugefügt war.

Zahlreich vorhanden waren verschiedene Arten unglasierter, größtenteils erstaunlich intakter Tongefäße. Wie die Schmuckstücke kann man auch die Töpferware in zwei Kategorien unterteilen: Gebrauchsgegenstände und rituelle Objekte. Die große Zahl von Weinkrügen, Bechern und Weinamphoren, die als Opfergaben mit den Mumien bestattet worden waren, spiegelt die zentrale Bedeutung des Weinhandels für die Oase. Einige Krüge zeigen die charakteristische Form des Gottes Bes; einige schimmern rot wie der Wein, den sie vielleicht enthielten, einer ist mit einem Deckel verschlossen, der wie eine schwarze Krone geformt ist. Das Vorhandensein dieser Krüge bestätigt die Annahme, dass der Gott der Freude für die Menschen der Oase eine besondere Bedeutung hatte.

Wasserkrug, etwa zwölf Zentimeter groß

Oben links: Dieser Weinkrug mit zwei Henkeln ist nur etwa zehn Zentimeter groß

Linke Seite oben: Goldene Ohrringe römischer Machart aus Grab 54; links in Form einer Göttin. Dieser Schmuck wurde nicht getragen, sondern hatte symbolischen Wert

Linke Seite unten: Dieses knapp zehn Zentimeter große Tongefäß mit Lotosgirlanden enthielt eventuell Kosmetika wie Salböl oder Parfum für das Weiterleben im Jenseits

Bronzemünzen aus griechisch-römischer Zeit

Unten: Münze aus Grab 55 mit dem Porträt Kleopatras VII., der letzten ptolemäischen Herrscherin

Unten rechts: Münzen aus den Gräbern im Tal der goldenen Mumien

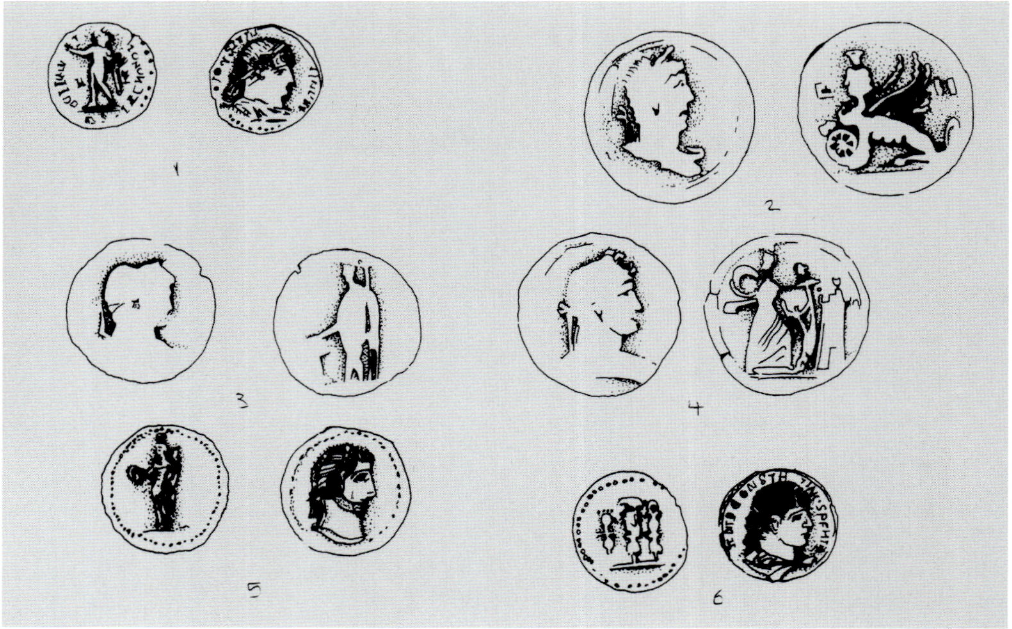

Rechte Seite oben: Mehrere Artefakte, darunter eine bemalte Mumienmaske, ein Tongefäß mit dem Gesicht des Bes, Wasserkrüge, Münzen und eine bemalte Holztafel

Rechte Seite unten: Holztafel aus einem Grab im Tal der goldenen Mumien; sie zeigt u. a. Osiris als Holzstatue, der von Horus und Anubis gekrönt wird

Außerdem entdeckten wir vier Keramikbottiche in verschiedenen Größen und Formen. Solche Bottiche hat man auch in Saqqara im Grab des Ti aus der 5. Dynastie und in einer antiken Bäckerei in Giza entdeckt. Unter den Tongefäßen lagen zylindrische Öl- und Getreidebehälter mit Griffen, Wasserflaschen, Kochtöpfe, Schüsseln und Opfergefäße, eines davon wie eine Blume geformt. Die Wasserbehälter ähneln jenen, die auch heute noch in ägyptischen Dörfern verwendet werden. Die Ölkännchen mit ihrer schmalen Tülle sowie die Lampen waren sicherlich Alltagsgegenstände.

Grabbeigaben aus Ton imitieren diese Gebrauchsgegenstände. Sie liegen in der Nähe des Kopfes und der Beine der Mumie, damit sie der Verstorbene im Jenseits leicht findet.

Die meisten der 20 griechischen und römischen Bronzemünzen waren in die Handflächen der Mumien eingewickelt, vielleicht als Bestechungsgeld für den Fährmann, der sie in einer Sonnenbarke in die Unterwelt führen würde. Die Münzen lassen auf beiden Seiten Figuren erkennen, die wir für Kaiser oder Götter halten. Ein Porträt zeigt eindeutig Kleopatra VII., die von 51 bis 30 v. Chr. herrschte, bis die Römer ihr auf dem Thron folgten.

Zu den bemerkenswertesten Artefakten gehört eine intakte Holztafel, auf der in Schnitzarbeit und Farbe eine Szene dargestellt ist, die eine der Mumien als gekrönten Osiris zeigt. Sie wird flankiert von den Göttern Horus und Osiris und zwei Kobras, die über ihre Reise durch die Unterwelt wachen. Die Szene wird von zwei Säulen umrahmt, die den Urgrund allen Lebens repräsentieren. Darüber ist auf drei Ebenen die Sonnenscheibe zu sehen. Die gesamte Szene soll das Schicksal des Toten mit dem des Osiris gleichsetzen, der in die Ewigkeit eingegangen ist; sie ist die schlichtere Version dessen, was ein Künstler für viel Geld normalerweise auf die Grabwände geschnitzt oder gemalt hätte. Da Sandstein und mit ihm alle Wandmalereien in der Wüste leicht zerfallen, sollte vermutlich die Holztafel demselben Zweck dienen – dem Toten eine sichere Reise durch die Unterwelt zu gewähren.

5 Mr. X reist nach Giza

Gegen Ende der Grabungssaison 1999 beschlossen wir, eine Mumie aus den Gräbern in Bahariya zur Behandlung in unser Konservierungszelt zu bringen und anschließend zu Röntgenaufnahmen nach Giza zu schicken. Ich hatte darum gebeten, mir ein Röntgengerät aus unserem Osteologie-Labor in Giza zu schicken, damit wir die Mumien ausgiebig analysieren konnten, ohne sie zu weit von ihren Gräbern zu entfernen. Mir wurde jedoch mitgeteilt, dass zu viel Sand das Gerät schädigen würde. Da es außerdem unser einziges Gerät in Giza ist, erklärten wir uns einverstanden, darauf zu verzichten und eine der Mumien zur Untersuchung nach Kairo zu schicken.

Knochen erzählen viele Geschichten. Röntgenaufnahmen von Mumienskeletten haben sich als unschätzbares, nichtinvasives Mittel zur Erforschung der Krankheiten und Todesursachen im alten Ägypten erwiesen. Man erkennt Deformierungen des Körpers und sogar alte Techniken der Zahnbehandlung. Dieser Bereich der Archäologie ist ein relativ neues Feld der Paläopathologie, die sich mit den Krankheiten im Altertum befasst. Bereits 1896 wurde der gerade neu erfundene Röntgenapparat an Mumien ausprobiert, doch in der Hauptsache, um Amulette und Schmuck zu lokalisieren, ohne die Körper auszuwickeln und zu zerstören. In jüngerer Zeit führten die Archäologen Kent Weeks, Edward Wente und James Harris eine umfangreiche Röntgenuntersuchung der Königsmumien durch. Dank ihrer Studien wissen wir jetzt, dass die Könige an Abszessen und Arthritis litten. Röntgenaufnahmen von Tutenchamun haben Verletzungen an der Schädelbasis zutage gefördert, die zu der umstrittenen Theorie führten, der junge Herrscher sei ermordet worden. Durch die Röntgenanalyse der Skelette, die von meinem Team in Giza gefunden wurden, konnte ich meine Annahme stützen, dass in den Gräbern tatsächlich Bauarbeiter bestattet sind. Ihre Gelenke weisen Degenerationserscheinungen auf, vor allem in der Gegend der Lendenwirbel und an den Knien, wie sie für harte körperliche Arbeit und das Heben schwerer Gegenstände charakteristisch sind.

Neue Technologien wie DNA-Tests und die Computertomografie haben der Mumienforschung eine ganz neue Dimension eröffnet. So lassen sich nun durch DNA-Analysen der Zähne, Haare und Fingernägel genauere Verwandtschaftsbeziehungen innerhalb der königlichen Familien feststellen. Tests in Bezug auf die ethnische Zugehörigkeit der Mumien waren bislang noch unergiebig. Im Fall der goldenen Mumien von Bahariya könnte man die DNA-Analyse anwenden, um herauszufinden, ob sie griechischer, römischer oder ägyptischer Abstammung waren und um ein genaueres Bild von den Bewohnern und ihren Krankheiten zu erhalten.

Wenige Tage bevor wir den Ausgrabungsort verließen, suchte ich eine Mumie ohne Goldmaske aus, die nur mit Leinenstreifen bandagiert war und dadurch leichter transportiert und geröntgt werden konnte. Sie lag allein in Grab 55, deshalb mussten wir keine anderen Mumien stören, als wir sie herausholten. Diese Mumie ist eine meiner liebsten, denn sie ist bestens erhalten und erinnert mich deshalb an die Funde aus dem Neuen Reich. Nach der Bestattungsart zu schließen, muss der Verstorbene relativ arm gewesen sein, was ihn mir noch sympathischer macht.

Nachdem ich mich entschieden hatte, machten sich meine Kollegen Nasri Iskander und Mustafa Abdul Qader ans Werk. Sie behandelten die äußere Leinenhülle sorgsam mit einer Chemikalie, damit sie gegen schädliche Einflüsse geschützt war und sich die Bandagen nicht abwickelten. Diese so genannte Konsolidierung fand an Ort und Stelle statt, und die Mumie musste fast zwei Tage lang trocknen, bevor sie bewegt werden konnte. In der Zwischenzeit baute der Zimmermann eine Holzkiste, die genau auf die Größe der Mumie zugeschnitten war. Wir kauften Baumwolle und andere weiche Materialien als Unterlage und errichteten ein Zelt als vorübergehenden Aufenthaltsort der Mumie.

Der nächste Schritt bestand darin, die Mumie hochzuheben. Nasri Iskander legte ein sehr dünnes Holzbrett unter sie und hob sie dann vorsichtig in den neuen Sarg. Ich hörte zufällig, wie Mansur seinen Kollegen Mustafa fragte, warum wir gerade diese einfache Mumie ausgesucht hatten, wenn doch eine goldene Mumie in Kairo wie eine königliche Hoheit empfangen worden wäre. Mustafa erinnerte ihn daran, dass sie nicht so leicht beschädigt würde. Daraufhin zündete sich Mansur eine Zigarette an, schüttelte den Kopf und sagte: «Ich hoffe nur, er reist gerne. Sonst stehen uns schwarze Tage bevor.» Mustafa fragte: «Meinst du den Fluch?» Mansur nickte. (Mehr über den «Fluch» im nächsten Kapitel.)

Mumien rufen in fast jedem Menschen, auch dem Wissenschaftler, unerklärliche Gefühle wach. Mohammed Tiyab, der aus Bahariya stammt, sprach einmal traurig über die Möglichkeit, dass es sich bei dieser Mumie um einen seiner Vorfahren handeln könnte, er es jedoch nie sicher wissen würde. Auch mir stellten sich viele Fragen: Hat er oder sie jemals im Leben die Pyramiden gesehen? Ist er oder sie unglücklich darüber, die angestammte Heimat zu verlassen? Warum habe ich gerade diese Mumie ausgewählt und keine andere?

Wir alle machten uns Sorgen, dass die Mumie auf dem Weg nach Kairo durch die lange Lastwagenfahrt auf der holprigen Piste durchgerüttelt und beschädigt werden könnte, deshalb blieb sie noch drei Tage im Zelt und wurde weiter präpariert. Am Abreisetag fragte mich Mansur plötz-

Die Mumie von Mr. X wird aus der Grabkammer gehoben

Links: Mr. X liegt in ein Leintuch gewickelt in seinem neuen Holzsarg

Linke Seite oben: Die Mumie von König Merenptah, einem der Söhne von Ramses II., wurde im Ägyptischen Museum in Kairo mit einem Röntgengerät durchleuchtet

Linke Seite unten: Grab 55 mit vier Grabkammern und einer Nische

Seite 80: Mr. X, wie wir ihn in Grab 55 fanden

lich: «Doktor! Wie sollen wir sie nennen? Hat sie schon einen Namen?» Nein, musste ich gestehen, sie hatte noch keinen. Anders als in altägyptischen Grabstätten, in denen Kartuschen und Wandinschriften die Namen der Toten nennen, gibt es in den Massengräbern der griechisch-römischen Zeit keinerlei Hinweise auf die Identität der Verstorbenen. Die Mumie aus Bahariya brauchte eine Kennzeichnung, bevor sie auf die Reise ging. Weil wir ihr Geschlecht nicht kannten, nannte ich sie « Mr. oder Mrs. X». Am letzten Tag der Saison bereiteten wir den Lastwagen auf den Transport vor. Niemand sprach ein Wort, als Arbeiter die Kiste auf die Schultern hoben und auf die Ladefläche schoben.

Die Arbeiter sehen zu, wie Mr. X zum ersten Mal nach fast 2000 Jahren ans Tageslicht kommt

Rechts: Mustafa Abdul Qader bringt Mr. X in das Konservierungszelt, in dem er für die Reise nach Giza vorbereitet wird

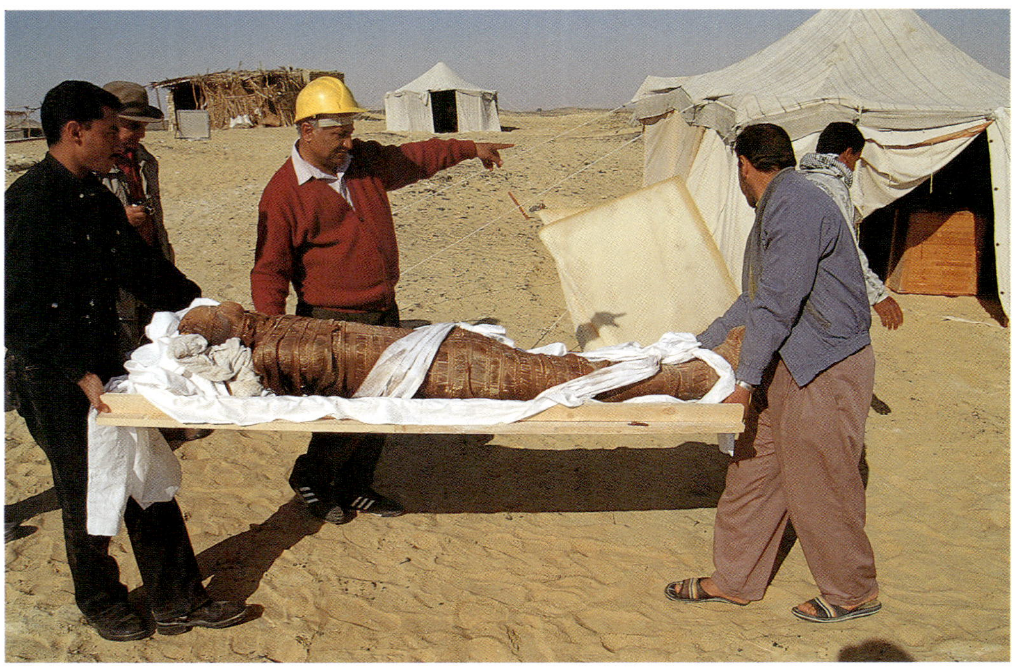

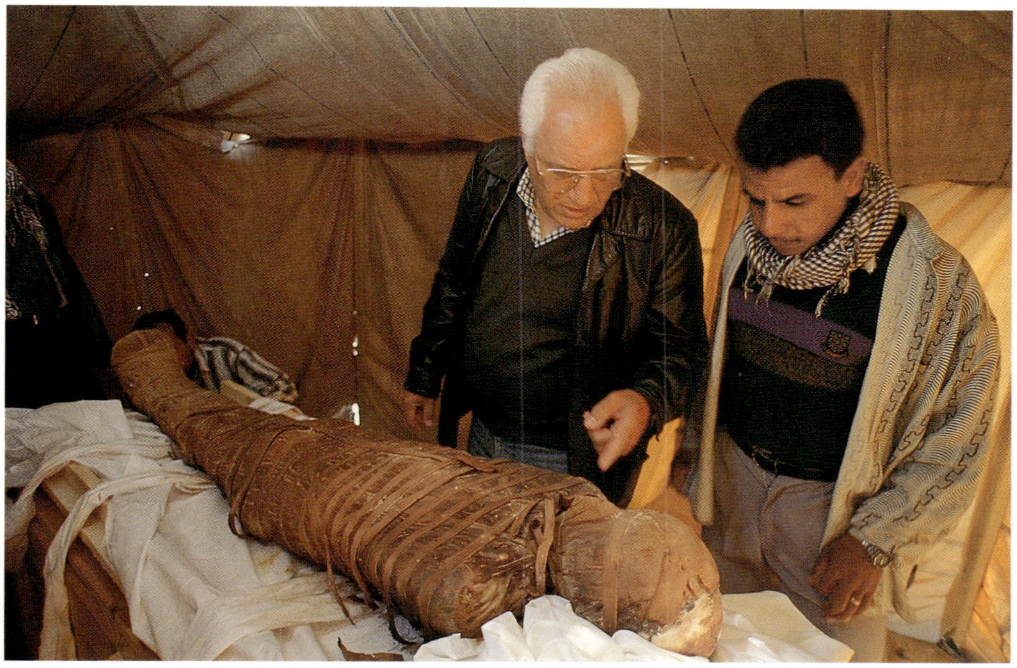

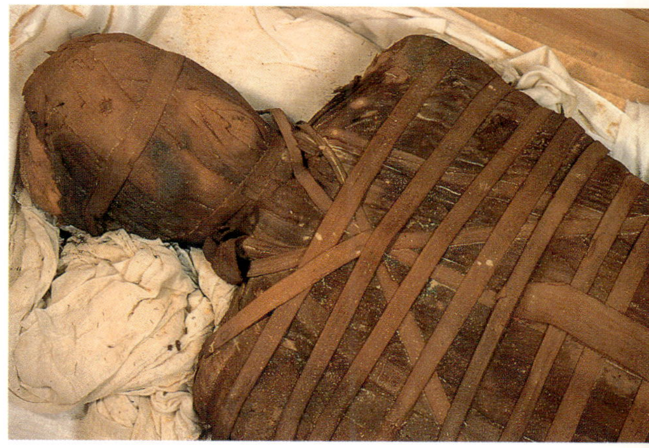

Mr. X wartet auf seine Abreise nach Giza, wo man ihn röntgen wird. Das Leinen auf seinem Kopf ist von Harz geschwärzt

Links: Der Konservator Nasri Iskander begutachtet den Zustand der kunstvoll bandagierten Mumie

Mitte links und unten: Nach der Konservierung wird Mr. X zum Lastwagen getragen

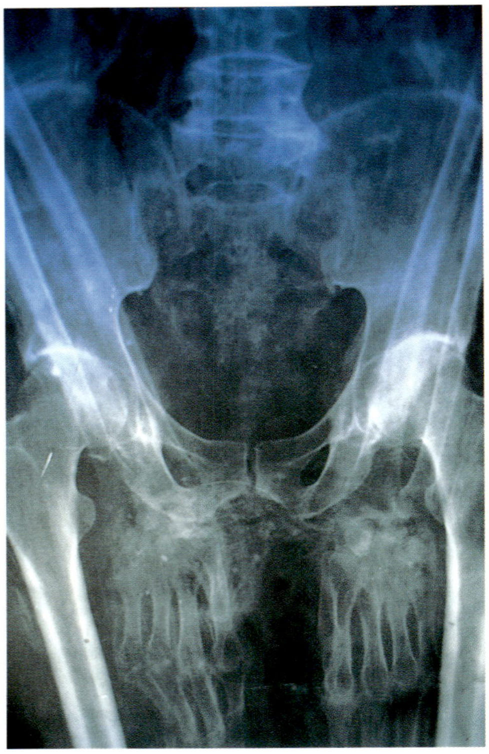

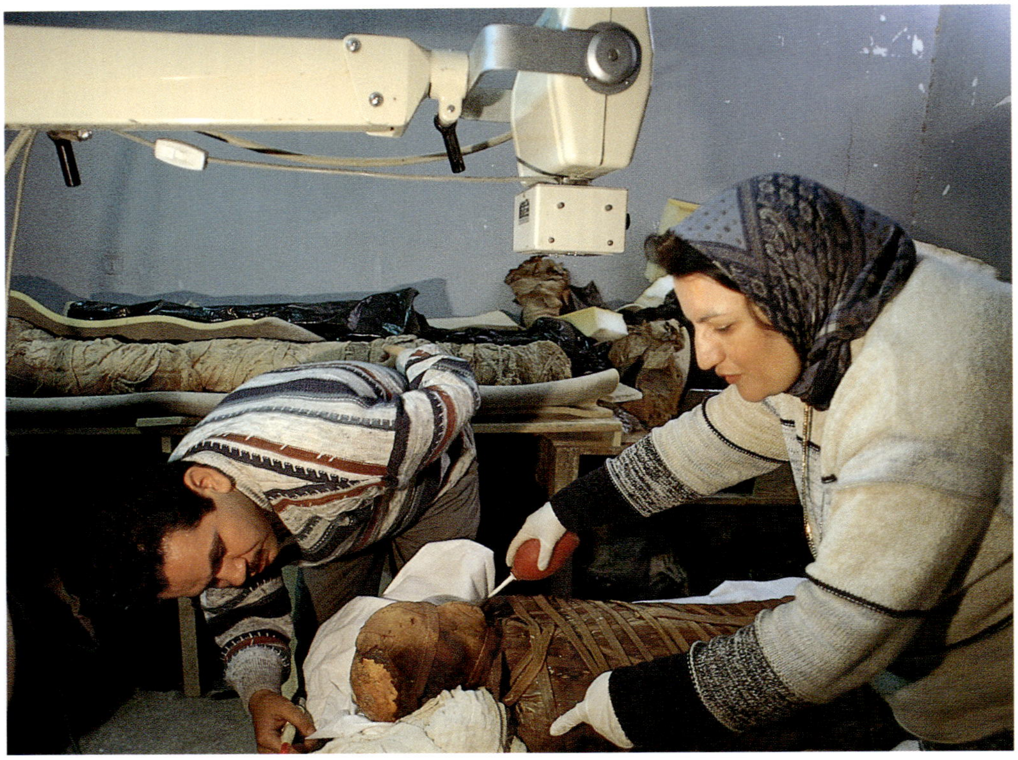

Röntgenaufnahme von Mr. X aus dem Osteologischen Labor von Giza

Oben rechts: Die Anthropologin Azza Sarri el-Din trocknet die Chemikalien, die benötigt wurden, um Mr. X für die Untersuchung herzurichten

Unten: Dr. Azza studiert die Ergebnisse der Röntgenaufnahmen

Zunächst hatte ich beabsichtigt, die Mumie zu begleiten, weil wir befürchteten, die Polizei würde den Lastwagen anhalten und durchsuchen und dann vielleicht folgern, dass wir einen Leichnam gestohlen hätten. Doch ich hatte in der Oase noch etwas zu erledigen und fragte deshalb Mahmud Afifi, ob er die Begleitung übernehmen würde. Ich schrieb einen Brief, in dem ich erklärte, dass die Mumie aus einer Ausgrabungsstätte stammte und zu Röntgenuntersuchungen nach Kairo gebracht wurde. Die Situation erinnerte mich an Geschichten über den Transport der Königsmumien, die 1881 im Geheimgrab von Deir el-Bahri gefunden worden waren. Als die Schiffe mit den Mumien den Nil entlangfuhren, rannten Männer am Westufer zum Fluss, und schwarz gekleidete Frauen weinten, als wären ihre Verwandten gestorben. Später, in Kairo, bestand ein Zollbeamter darauf, die Mumien als «Waren» zu besteuern, aber da es keine Warenkategorie «Mumie» gab, ordnete er sie der Kategorie «Trockenfisch» zu! Ich hoffte, unserer Mumie würde eine so unwürdige Behandlung erspart bleiben. Wir schickten deshalb an alle Polizeistationen zwischen Bahariya und Kairo offizielle Mitteilungen über die Reise der Mumie zu den Pyramiden. In Giza bereitete mein Assistent einen respektvollen Empfang für Mr. oder Mrs. X vor. Auch wenn dieser Mensch schon vor langer Zeit gestorben war, hatten wir eine innere Beziehung zu ihm entwickelt und wussten, dass auch wir eines Tages sein Schicksal teilen würden. Deshalb behandeln wir Mumien generell wie Menschen, ganz so, wie wir selbst in ähnlichen Umständen gerne behandelt werden möchten.

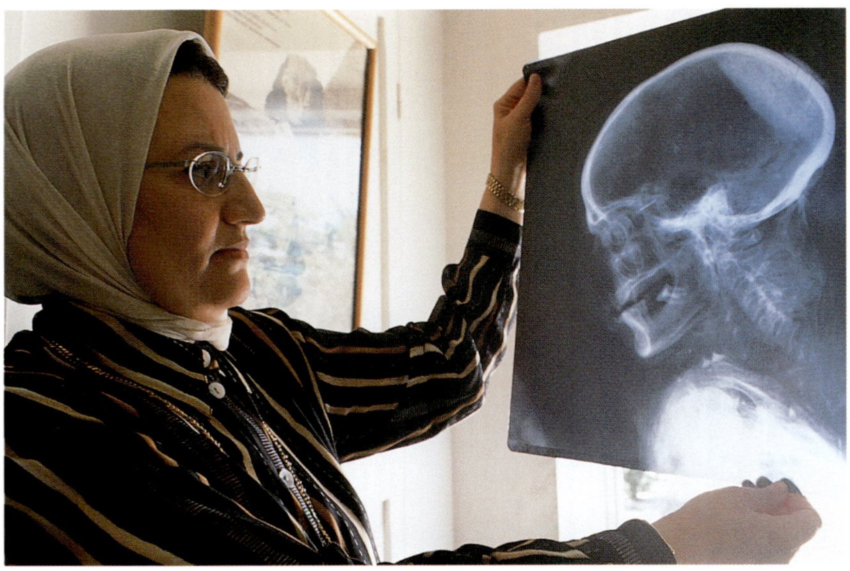

Für die Fahrt von Bahariya nach Giza, die normalerweise drei bis vier Stunden dauert, brauchte unser Fahrer acht Stunden, denn er achtete sehr darauf, nicht in Schlaglöcher zu geraten. Am Abend parkte der Lastwagen vor den Pyramiden, wo er bis zum nächsten Morgen bewacht wurde. Dr. Azza aus dem Osteologie-Labor brauchte nur zwei Stunden für den folgenden Bericht:

Geschlecht: männlich
Todesalter: 35 bis 40
Pathologischer Befund: negativ
Name: Mr. X

Es stellte sich heraus, dass zwei Backenzähne aus dem Unterkiefer gezogen worden waren, was darauf hindeutet, dass die Zahnheilkunde auch in griechisch-römischer Zeit ausgeübt wurde. Wir sind sicher, dass Mr. X noch weitere wertvolle Informationen liefern wird, sobald er und andere Mumien aus der Oase genauer untersucht werden.

Nach dieser Episode beschloss ich, für Bahariya ein Röntgengerät anzuschaffen. Bislang ist es noch nicht eingetroffen, deshalb füge ich hier die Ergebnisse von Teri L. Tucker an,

Knochen aus dem Tal der goldenen Mumien werden zur Skelettanalyse gebracht

Knochen werden für Skelettanalysen gesiebt, damit keine Erdkrumen, Steine oder Blätter das Ergebnis verfälschen

einer Wissenschaftlerin der Ohio State University, der ich die Erlaubnis gab, Skelettmaterial aus sechs 1996 freigelegten Gräbern zu untersuchen. 1998 begann sie mit ihren Analysen. Sie wollte ihre Theorie überprüfen, dass im Widerspruch zur verbreiteten Annahme, eine zentralistische Regierung steigere den Lebensstandard der Bürger, die Lebensqualität und damit auch der Gesundheitszustand einer Gesellschaft sich verbessert, wenn die Menschen autonom sind. Beides lässt sich mit Hilfe von Knochenfunden verfolgen. Teri Tucker untersuchte bei Mumien aus Bahariya und Giza Faktoren wie Kindersterblichkeit, durchschnittliche Lebenserwartung, Infektionskrankheiten, Knochenbrüche, Zustand der Zähne und anderes. Durch den Vergleich der Resultate hoffte sie herauszufinden, welche Auswirkungen die römische Herrschaft auf die Menschen im Niltal einerseits und die weiter entfernten und deshalb autonomeren Bewohner der Oase von Bahariya andererseits hatte. Sie erwartete Ergebnisse, die bewiesen, dass durch die strikte ökonomische Kontrolle im Niltal Probleme wie Mangelernährung, eine hohe Krankheitsrate und Knochentraumata deutlich zunahmen. In Bahariya dagegen durften ihrer These zufolge diese Probleme nicht in höherem Maße vorkommen.

Tucker untersuchte Knochenmaterial aus verschiedenen Gräbern, von insgesamt 167 Männern, Frauen und Kindern. Sie sammelte Daten zu Alter, Geschlecht, Körpergröße, Wachstum, Knochenverletzungen mit Anzeichen einer Infektion, Zahnverfall, Traumata, Stoffwechselkrankheiten, Schädelverformungen und anderen Störungen. Sie kam zu dem Ergebnis, dass das durchschnittliche Todesalter bei 25 bis 35 Jahren lag. Die Infektionskrankheiten, die eine der Ursachen dafür waren, dass die Hälfte der Bevölkerung Ägyptens im Säuglings- oder Kindesalter starb, waren in Bahariya kaum anzutreffen. Auffällig war hier jedoch der Prozentsatz der Knochenarthritis, die in der Regel als Folge wiederholter Bewegungsabläufe auftritt. Interessanterweise zeigten 71 Prozent der

Frauen und 44 Prozent der Männer Schienbeinabnutzungen als Resultat der hockenden Haltung. Andere Krankheitsbilder waren Spina bifida und Knochenbrüche, aber es gab nur wenige Hinweise auf Gewalteinwirkung durch die römischen Herren; die meisten Brüche scheinen auf Unfälle zurückzugehen.

Unbehandelte Zahninfektionen führten in 50 bis 90 Prozent aller Fälle im alten Ägypten zum Tod. Die Menschen in Bahariya litten relativ wenig unter Zahnproblemen, vielleicht weil ihre Ernährung größtenteils aus Weizen bestand, und Weizen poliert die Kaufläche der Zähne und verhindert die Bildung schädlicher Bakterien. Man kann annehmen, dass die Menschen von Bahariya sich gesund ernährten, unter anderem von den eisenhaltigen Datteln, die es in der Region reichlich gibt. Die Mumien aus bestimmten Gräbern wiesen einen hohen Anteil an Zahnschmelzdefekten auf, während andere Gruppen nur minimal davon betroffen waren. Tucker führt dies auf den Elitestatus mancher Personen zurück, der ihnen Zugang zu besseren Nahrungsmitteln verschaffte.

Die gründlichen Röntgenuntersuchungen, die Teri Tucker durchführte, erlaubten ihr die Schlussfolgerung, dass die Menschen in Bahariya keine harsche Behandlung durch die römischen Besatzer erfuhren. Auch wenn ihre Lebenserwartung insgesamt niedrig war, lebte die Bevölkerung der Oase unter römischer Herrschaft länger als der durchschnittliche Niltal-Bewohner. Tuckers Forschungen haben bisher noch nicht erklärt, warum die Bevölkerungszahl der Oase im fünften und sechsten Jahrhundert n. Chr. dramatisch abnahm; man kann lediglich ausschließen, dass Infektionskrankheiten der Grund waren. Doch die Untersuchungen werden fortgesetzt und weitere Ergebnisse sind zu erwarten.

In naher Zukunft hoffen wir auch, die DNA-Analysen fortzusetzen und die genealogischen Geheimnisse der goldenen Mumien zu lüften. So wie die DNA-Analyse dazu benutzt wurde, die Identität der Königsmumien im Ägyptischen Museum von Kairo festzustellen, könnte sie die archäologische und historische Annahme bestätigen, dass Bahariya von Libyern, Ägyptern, Griechen und Römern bewohnt war. Schließlich hegen wir die Hoffnung, dass die Bevölkerung des alten Bahariya mit der anderer Oasen und des Niltales verglichen werden und eine Klärung der genealogischen Beziehungen stattfinden kann. Solch ehrgeizige Projekte sind ein gutes Beispiel dafür, wie breit das Spektrum der Ergebnisse ist, die wir aus den wissenschaftlichen Untersuchungen der goldenen Mumien gewinnen können.

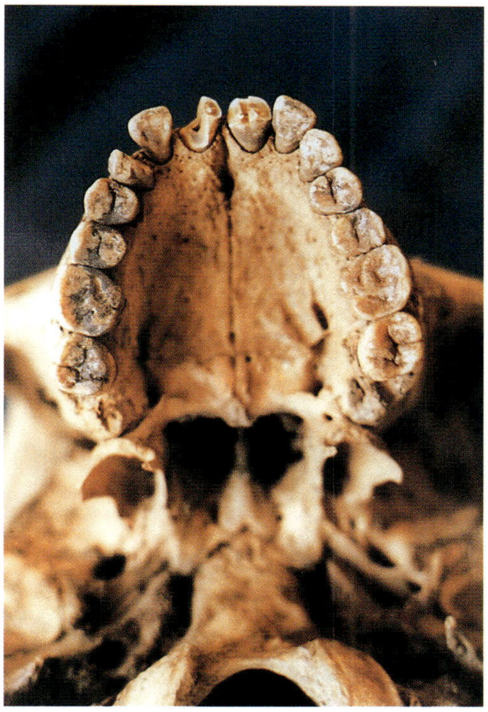

Ein Kieferknochen aus dem Schädel einer Bahariya-Mumie

6 Der Fluch der Kindermumien

Nach meiner offiziellen Bekanntgabe der Entdeckung im Juli 1999 gaben Kulturminister Faruk Hosni und Dr. Gaballa Ali Gaballa, Generalsekretär der Zentralverwaltung für antike Funde, die Neuigkeit an die Presse weiter. Daraufhin wurde die Kleinstadt El Bawiti von Besuchern geradezu überrannt. Freunde aus Ägypten und Amerika, Nachrichtenteams aus ganz Europa, Touristengruppen, Professoren, Diplomaten aus Australien, Tschechien, Italien und den USA – sie alle kamen, bevor wir uns überlegt hatten, wie wir mit dem öffentlichen Interesse umgehen wollten.

Gegen Ende der Grabungssaison 1999 wurde ich von verschiedenen Seiten gedrängt, das Gräberfeld mit den spektakulären Funden für Touristen zu öffnen. Am überschwänglichsten reagierte die ägyptische Regierung, die natürlich sehr stark von der Tourismusindustrie gestützt wird. Weil mir die Vorstellung, dass Menschenmengen durch den Friedhof trampelten, nicht behagte, erklärte ich mich zu dem Kompromiss bereit, mindestens fünf der am besten erhaltenen Mumien in einen Raum der örtlichen Verwaltung für antike Funde zu bringen, der darauf in das Bahariya-Museum umgewandelt wurde.

Bevor ich die beiden Kindermumien in dieses Museum brachte, hatte ich nie geglaubt, dass der so genannte Fluch der Mumien existierte. Über den Fluch sprach man viel, seit Howard Carter und Lord Carnarvon 1922 das Grab des Tutenchamun entdeckt hatten. Zeitungen aus der ganzen Welt berichteten von mehreren Menschen, die an der Ausgrabung teilgenommen hatten und kurze Zeit nach der Öffnung des Pharaonengrabes gestorben waren. Lord Carnarvon selbst, der die Hälfte der gefundenen Objekte für sich beanspruchte und die Exklusivrechte für die Berichterstattung an die Londoner *Times* verkaufte, starb ein Jahr nach der Entdeckung am 6. Mai 1923. In Kairo, hieß es, seien im Augenblick seines Todes die Lichter ausgegangen. Lord Carnarvons Sohn verstärkte das Rätselraten noch, indem er erzählte, dass der Hund seines Vaters beim Tode seines Herrn jämmerlich aufgeheult habe und dann ebenfalls gestorben sei. Überall behaupteten seriöse Journalisten, unheimliche Kräfte seien bei der Öffnung des Grabes freigesetzt worden und hätten insgesamt 22 Todesfälle verursacht. Von den zwölf Personen, die die Öffnung des Sarkophages persönlich miterlebt hatten, waren sechs im Februar des folgenden Jahres tot. Die Zeitungen brachten sogar eine Übersetzung des Textes, den man in der Schatzkammer der Grabanlage vor dem Anubis-Schrein entdeckt hatte: «Ich bin es, der den Sand daran hindert, die geheime Kammer zu versperren. Ich werde alle töten, die diese Schwelle zum geheiligten Bereich des unsterblichen Königs übertreten.»

Die Mumie des Mädchens auf dem Weg ins Konservierungszelt

Unten: Die Mumie des Jungen wird freigelegt

Seite 90: Die Maske des Mädchens ist eine der wenigen lächelnden Totenmasken

David Silverman, Kurator der ägyptischen Abteilung an der Universität Pennsylvania, schrieb in einem Artikel, in Kairo sei ein Stromausfall keine Seltenheit und Carnarvons Sohn habe sich, als sein Vater starb, in Wahrheit in Indien aufgehalten. Lord Carnarvon war schon jahrelang schwer krank gewesen und starb in Tat und Wahrheit an einer Blutvergiftung infolge eines Moskitostichs.

In den vergangenen hundert Jahren wurde der «Fluch des Pharaos» für alle möglichen Todesfälle verantwortlich gemacht. Manche sahen sogar eine Verbindung zu Jean-François Champollion, dem französischen Archäologen, der auf der Grundlage des Steins von Rosette die Hieroglyphen entschlüsselt hatte und schon mit 42 Jahren starb. Und auch im Fall Mohammed Mahdi sah man einen Zusammenhang: Kurz nachdem der Direktor der Zentralverwaltung für antike Funde einen Vertrag unterzeichnet hatte, der die Ver-

Mustafa Abdul Qader und der Autor werfen einen letzten Blick auf die Mumie des Mädchens, bevor sie weggebracht wird

Unten links: Mansur Boriak und der Autor vermessen die Kinder

Unten rechts: Der Konservator präpariert den Jungen, dessen Unterkörper in Baumwollstoff eingeschlagen ist, für den Transport ins Museum

schiffung von Tutenchamuns Grabbeigaben nach London erlaubte, starb er bei einem Autounfall.

In den meisten Fällen gibt es vernünftige Erklärungen, aber es ist wahr, dass die Inschriften an den Eingängen der altägyptischen Gräber nur den einen Zweck haben, alle abzuschrecken, die eindringen und die Ruhe der Toten stören könnten. So heißt es zum Beispiel: «Verflucht seien jene, die die Ruhe des Pharaos stören. Jene, die das Siegel dieses Grabes erbrechen, werden den Tod durch eine Krankheit erleiden, die kein Arzt erkennen wird.»

Die alten Ägypter glaubten an Magie, aber die meisten dieser Flüche, vor allem im Alten Reich, waren lediglich Drohungen von Seiten der Familie, die die Gräber ihrer Angehörigen vor Plünderern schützen wollte. Ein gebräuchlicher Fluch lautete: «Jeder, der etwas Böses gegen mein Grab im Schilde führt, einen Stein aus ihm entfernt, mein Grab betritt, dieses Grab meiner Reinheit betritt, einen Stein wegnimmt, sich diesen Bildern meiner Reinheit nähert, er wird dem Urteil des großen Gottes unterworfen. Ich werde ihm den Hals zudrücken wie einer Gans oder einem Vogel und alle, die auf der Erde leben, die Furcht vor den Geistern des Westens lehren. Ich werde seine Nachkommen ausmerzen. Ich werde nicht zulassen, dass sie in ihre Körper zurückkehren.» Selbst private Briefe enthalten Verwünschungen. In einem Brief, der zu Silvermans Sammlung gehört und im Mittleren Reich von einer Frau geschrieben wurde, heißt es: «Mögest du krank werden, wenn du dies liest.»

Mitglieder der königlichen Familien hatten ihren eigenen Schutz in Form von besonders abgesicherten oder verborgenen Grabstätten mit labyrinthischen Gängen und falschen Türen. Ihre Zaubersprüche, die Pyramidentexte, sollten den Erfolg ihrer gefahrvollen Reise durch die Unterwelt sichern und befassten sich mehr mit den Schwierigkeiten auf dem Weg in die Ewigkeit als mit potentiellen Vandalen. In Deir el-Bahri warnt Thutmosis I. den Hofstaat seiner Tochter, der regierenden Pharaonin Hatschepsut: «Wer sie verehrt, wird leben. Wer Böses gegen sie spricht und Ihrer Majestät flucht, wird sterben.»

Zu Beginn meiner Karriere musste ich einmal eine Wagenladung goldener Fundobjekte aus einem griechisch-römischen Friedhof im Nildelta nach Kairo ins Museum bringen. Am selben Tag starb mein Cousin. Auf den Tag zwei Jahre später starb mein Onkel. Und wieder exakt ein Jahr darauf starb meine Tante. Damals kam mir das wie ein merkwürdiger Zufall vor, und weil ich jung war, dachte ich nicht lange darüber nach. Ich gebe zu, dass ich mich nie rasiere, wenn wir gerade ein neues Grab geöffnet haben, aber das ist kein Aberglaube. Es ist eine Vorsichtsmaßnahme gegen die noch aktiven Bakterien aus dem zerfallenden organischen Material, die in jede Hautwunde eindringen und lebensgefährlich werden können.

Als ich Jahre später die Gräber der Pyramidenbauer in Giza freilegte, fanden wir an einem Eingang die Inschrift: «Jeder, der dieses Grab betritt, ihm Schaden zufügt und es zerstört: Ein Krokodil sei im Wasser gegen ihn und eine Schlange sei zu Lande gegen ihn. Möge das Flusspferd ihn auf dem Wasser verfolgen und der Skorpion auf dem Lande.»

Die Mumie des Jungen trägt ein mit Blüten und Blättern verziertes Stirnband in griechisch-römischem Stil

Unten: Ein Konservator trägt eine Schutzmaske gegen aktive Bakterien, die aus dem zerfallenden organischen Material der Mumie aufgewirbelt werden könnten

Dies war der erste Fluch, der mir an einem intakten Grab begegnet war, und er überzeugte mich, dass es besser war, die Stätte so zu lassen, wie sie war, und die Mumien nicht zu stören. Erst als ich in Bahariya arbeitete und wir die beiden Kindermumien ins Museum bringen mussten, begann ich mich zu fragen, ob der Fluch nicht doch mehr war als eine Phantasie.

Ich stand dabei, als Mustafa Abdul Qader und Salah Ahmed Ali den Körper der Kinder mit Leinen bedeckten, bevor sie sie von der Mastaba herunterhoben, auf der sie nebeneinander lagen. Die beiden Männer trugen dabei Mundschutz gegen Bakterien. Sie schoben vorsichtig zwei Stäbe unter jede Mumie, legten sie in zwei getrennte Särge und trugen sie in den wartenden Lastwagen. Das dauerte zwei Stunden. Ich war zufrieden, dass die Geschwister zusammenbleiben konnten, und ging zurück zum Team.

In jener Nacht fand ich keinen Schlaf. Immer wenn ich die Augen schloss, erschienen mir die Gesichter der Kinder. Ich setzte mich wiederholt auf, um sie zu verscheuchen, vergeblich. Dann schlief ich erschöpft ein und hatte einen Alptraum. Die beiden Kinder folgten mir, wo immer ich mich hinwandte. Obwohl sie noch in die frischen Leintücher gewickelt waren, die wir ihnen gegeben hatten, streckten sie ihre Arme nach mir aus. Danach erschien das lächelnde Gesicht von Mumie B, der Frau, die wir ebenfalls ins Museum gebracht hatten, und ihre Augen blickten mich flehentlich an. Sie versuchte, mir etwas zu sagen, aber ich verstand sie nicht.

Bald darauf kehrten wir nach Kairo zurück, und ich musste rasch Vorbereitungen für meine Reise in die USA treffen, wo ich den Sommer über an der UCLA lehren sollte. Normalerweise ist es dort sehr friedlich, und ich nutze die Zeit, um in meiner Mietwohnung in Marina del Rey Artikel zu schreiben. Doch diesmal folgten mir nicht nur die Kinder nach Amerika, auch die Nachricht von den Entdeckungen hatte sich wie ein Lauffeuer verbreitet, und ich gab fast täglich zwischen meinen Seminaren Fernseh- und Zeitschrifteninterviews. An einem Abend, als ich von *CNN Live* über das Tal der goldenen Mumien befragt wurde, war ich durch meine Alpträume so konfus, dass ich fast vor aller Öffentlichkeit über sie gesprochen hätte.

Eines Nachts, als mir die Kinder wieder im Traum erschienen, streckte das kleine Mädchen ihre langen Arme nach meiner Kehle aus, und ich erwachte schreiend. Ich musste um vier Uhr aufstehen und um fünf Uhr am Flughafen sein, um nach Virginia zu fliegen, wo ich abends im Richmond Art Museum einen Vortrag halten sollte. Bis fünf Uhr wartete ich vor dem Haus auf mein Taxi, aber es kam nicht. Ich war schon sehr nervös, aber dann fand ich doch noch ein anderes Taxi und erreichte meinen Flug in letzter Minute. Beim Zwischenstopp in Philadelphia stellte ich fest, dass mein Anschlussflug gestrichen worden war. Meine Gedanken kreisten mittlerweile nur noch um die 500 Menschen, die auf mich warteten, und die kleinen Arme, die nach meinem Hals griffen. Ich wandte mich an das Flughafenpersonal, und man gab mir einen Platz in einer Maschine nach New Williamsport, von wo aus ich ein Taxi nach Richmond nahm, doch kaum waren wir losgefahren, blieb der Wagen im Stau stecken. Mir war der Hals vor Anspannung wie zugeschnürt. Es kam mir vor, als hätte das kleine Mädchen seine Hände darumgelegt.

Als wir schließlich vor dem Museum anhielten, rannte ich hinein, entschuldigte mich bei der Direktorin und erklärte, was geschehen war. Das Auditorium war voll, alle warteten. Nach einer eiligen Dusche begann ich meinen Vortrag schließlich um 21 Uhr und ertappte mich dabei, wie ich über den Fluch sprach, obwohl ich es schaffte, die Kinder und meine Alpträume nicht direkt zu erwähnen.

Nachher, beim Essen, erinnerte mich die Museumsleiterin daran, dass ich am nächsten Morgen um neun Uhr vor einer Gruppe von Lehrern und Lehrerinnen sprechen sollte. Ich bestellte einen Weckruf für acht Uhr und vergaß dann, den Telefonhörer wieder aufzulegen. Um 9 Uhr 30 wachte ich auf, weil heftig an meine Tür gepocht wurde. Nun war mir klar, dass ich die Kinder nicht länger ignorieren konnte.

Am Flughafen von Richmond nahm ich mir etwas Zeit und konzentrierte mich auf den Tag, an dem wir die Kindermumien ins Bahariya-Museum gebracht hatten. Ich erinnerte mich an jedes Detail ihrer frischen, goldenen Gesichter und ihrer dunklen, glänzenden Augen. Eine Minute bevor mein Flug aufgerufen wurde, ging mir durch den Kopf: Jetzt weiß ich, warum die Kinder so verstört sind. Sie brauchen ihren Vater. Ich gab mir selbst das Versprechen, dass ich nach meiner Rückkehr bald in die Oase fahren und ihren Vater ins Museum bringen würde.

Ende September 1999 fuhr ich wieder nach Bahariya und bat Salah Ahmed Ali, Ashri Shaker und Mohammed Aiadi, die Mumie, die aller Wahrscheinlichkeit nach der Vater der Kinder war, für den Transport ins Museum vorzubereiten. Danach erschienen die Kinder nie wieder in meinen Träumen.

Ich finde immer noch, Mumien sollten nicht ausgestellt werden, aber den Kompromiss, sie in ein örtliches Museum zu bringen, halte ich für besser, als wenn Touristen Zutritt zu ihrer Grabstätte bekämen. Auf eine Art opfern sich die sechs Mumien im Museum für die restlichen auf und ermöglichen uns damit ein besseres Verständnis der Vergangenheit.

Es muss einen Grund dafür geben, dass Mumien und Geschichten aus alter Zeit in unserer modernen Welt so beliebt sind. Die Menschen, die in Bahariya bestattet sind, scheinen aus ihren Gräbern zu uns zu sprechen, und ich glaube, es kann unserer Gesellschaft von Nutzen sein, wenn wir zuhören. Sie werden uns auch in Zukunft viel von einer großen Zivilisation berichten können, und ich möchte ihnen die Möglichkeit dazu geben, denn auch damit erlangen sie in gewisser Weise Unsterblichkeit.

Die beiden Kindermumien liegen nebeneinander im Museum von Bahariya

Linke Seite oben: Ein Arbeiter bürstet den Sand von der Mumie des Vaters der beiden Geschwister

Linke Seite unten: Nasri Iskander bereitet die Vatermumie für den Transport ins Museum vor, wo sie neben ihren Kindern liegen wird

Ägypten vom Altertum bis zur griechisch-römischen Zeit

7 Die Oase Bahariya: Vergangenheit und Gegenwart

Was heute als westliche (oder Libysche) Wüste bekannt ist, war vor Jahrmillionen der Grund eines riesigen Ozeans. Seit etwa 3000 v. Chr. gibt es in diesem Teil der Sahara kaum noch Regenfälle, doch die Grundwasservorräte waren einst so umfangreich, dass fünf bedeutende Oasen entstehen konnten. Die Geologen wissen nicht, woher dieses Wasser kommt, und auch nicht, in welcher Menge es vorhanden ist. Bekannt ist allerdings, dass sich der Grundwasserspiegel mit der Zeit deutlich gesenkt hat. Die wichtigsten Oasen sind Bahariya, Kharga, Dakhla, Farafra (der Ausdehnung nach die größte) und Siwa (mit der höchsten Bevölkerungszahl). Bahariya, die auch «nördliche Oase» genannt wird, liegt etwa 420 Kilometer südwestlich von Kairo. Die Oase ist eigentlich eine ovale Senke von ungefähr 2000 Quadratkilometern, die von Bergen umgeben ist und Hunderte von Quellen aufweist, um die sich im Lauf der Jahrtausende Dörfer gebildet haben. Die Gegend ist reich an Eisenvorkommen, und das ehemals reichlich vorhandene Wasser hat den Boden so fruchtbar gemacht, dass Weintrauben, Datteln und andere Früchte gedeihen.

Steinwerkzeuge, die in Bahariya gefunden wurden, beweisen, dass die Gegend bereits im Paläolithikum besiedelt war. Wer mit geschultem Auge durch die Ausgrabungsstätten geht, entdeckt prähistorische Steinmesser und Handäxte, die einfach im Sand herumliegen. Weiter südlich in der Wüste, im Wadi el-Ewinat und in Darb el-Shobari zwischen den Oasen Dakhla und Kharga sowie in den Städten Jebel und Eltier wurden Felsenzeichnungen gefunden, die mit primitiven Werkzeugen ausgeführt wurden und bis 4000 v. Chr. zurückdatiert wurden. In der 1. Dynastie der frühdynastischen Periode (3100–2686 v. Chr.) kämpften die Herrscher Ägyptens gegen ein Volk, das Tjehnyu genannt wurde. Dieses Volk lebte in der westlichen Wüste und wird in der Kunst des Altertums als hellhäutiger Menschenschlag mit blonden Haaren und blauen Augen dargestellt. Die Menschen, die schließlich in der Oase ansässig wurden, waren Nachkommen von Niltal-Bewohnern und libyschen Beduinen.

Wo die ältesten Bewohner von Bahariya lebten, ist noch nicht bekannt. Bislang sind in dieser Oase, anders als in Kharga und Dakhla, noch keine Siedlungen aus prä- und frühdynastischer Zeit sowie aus dem Alten Reich gefunden worden. Ich vermute jedoch, dass es in der Nähe der Stadt El Bawiti eine frühe Siedlung gibt. Die sehr verstreut liegenden Ruinen lassen darauf schließen, dass der Wasserspiegel einmal viel höher lag als heute, was auch eine landwirtschaftliche Bodennutzung ermöglichte.

Auch aus der Zeit des Alten Reichs (2686–2181 v. Chr.) fanden sich bisher noch keine

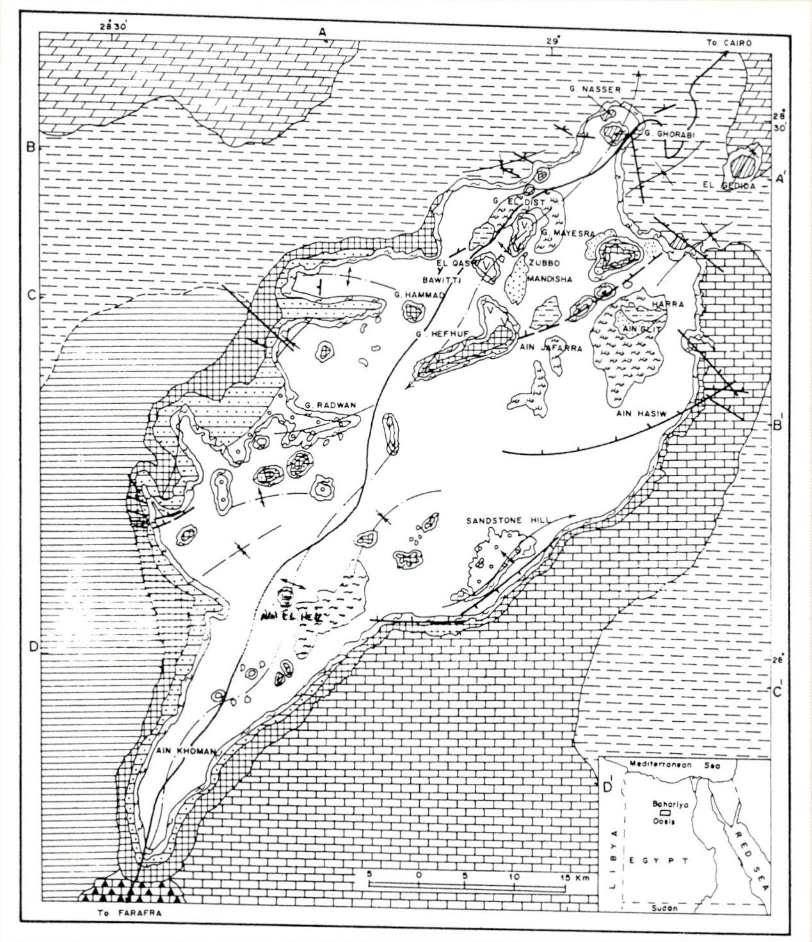

Geologische Karte der Oase Bahariya

Links: Die Oase Bahariya von den eisenhaltigen schwarzen Bergen im Westen aus gesehen

Seite 100: Ein Bauer kehrt nach getaner Arbeit auf seinem Esel nach Hause zurück

Seite 98/99: Der Wind formte diese spektakulären Felsgebilde in der Weißen Wüste, etwa 65 Kilometer südlich von El Bawiti

Bauernhöfe in El Bawiti, der heutigen Hauptstadt der Oase Bahariya; die alte Hauptstadt befand sich bei El Qasr, einem nahe gelegenen Dorf

Hinweise auf eine dauerhafte Besiedlung. Es ist jedoch dokumentiert, dass im Mittleren Reich die Gegend offiziell der ägyptischen Gerichtsbarkeit unterstellt war. Aufzeichnungen aus dieser Zeit lassen erkennen, dass sich in Bahariya zwei Handelsstraßen kreuzten, auf denen Wein und andere Produkte aus der Oase ins Niltal befördert wurden. Eine der Straßen wird heute noch benutzt, nachdem sie vor zwanzig Jahren asphaltiert wurde.

Das einzige Fundobjekt aus dem Mittleren Reich ist ein Skarabäus, der in den dreißiger Jahren von dem ägyptischen Archäologen Ahmed Fakhri in der Nähe von El Bawiti gefunden wurde. Er ist mit dem Namen Senwosre beschriftet, einem der drei gleichnamigen Pharaonen der 12. Dynastie. Historische Aufzeichnungen belegen, dass die Pharaonen Amenemhet und Senwosre II. die westlichen Oasen in ihre Politik einbezogen, um die regelmäßigen Angriffe der Libyer abzuwehren. Während der 15. Dynastie, einer Übergangszeit, in der Ägypten von den Hyksos-Königen aus Palästina regiert wurde, ließ der Handel mit der Oase nach, wohl weil die Straßen unsicher waren. Aus dieser Zeit existiert nur ein Text, in dem der ägyptische König Kamose Bahariya als «DjesDjes» bezeichnet, und so hieß auch der berühmte Wein der Region.

Aus archäologischen und historischen Quellen wissen wir, dass Bahariya während der 18. Dynastie (1550–1295 v. Chr.) des Neuen Reiches einen beträchtlichen Wandel erlebte.

Das älteste bisher gefundene Grab dieser Epoche gehört Amenhotep Huy, der den Titel «Gouverneur der nördlichen Oase» trug. Durch einen Erlass Thutmosis' III. (1479–1425 v. Chr.) waren Regierungsbeamte nach Bahariya geschickt worden, vielleicht weil der Pharao erkannt hatte, wie wichtig es war, die Westgrenze Ägyptens zu sichern. Während dieser Zeit begann in der Oase die Verehrung ägyptischer Götter, die vermutlich die Neuankömmlinge aus dem Niltal mitgebracht hatten. Aller Wahrscheinlichkeit nach zogen es die Beamten jedoch vor, im Niltal in der Nähe des Pharaos zu wohnen, und 125 Jahre nach Thutmosis' Dekret wurde Amenhotep Huy, der aus Bahariya stammte, zum Verwalter bestellt. Die Oasenbewohner müssen damals angefangen haben, Eisenerz und andere Mineralien abzubauen und damit Handel zu treiben, denn man fand Spuren dieser Mineralien auch in anderen Teilen Ägyptens. Anders als die Bewohner des Niltales, die auf den Rhythmus von Hoch- und Niedrigwasser angewiesen waren, verfügten die Oasenbewohner dank ihrer artesischen Brunnen immer über ausreichende Wasservorräte. Sie produzierten Datteln, Weintrauben und Feigen und hielten Nutztiere und Tauben.

Das heutige El Bawiti

Im Amun-Tempel in Luxor bezeichnete der große Pharao Ramses II. aus der 19. Dynastie Bahariya als Ort, an dem Bodenschätze abgebaut wurden. Während der Regierungszeit seines Sohnes Merenptah wurde Ägypten erneut von libyschen Soldaten angegriffen, und auf den Tempelstelen und Pylonen aus jener Zeit finden sich die Namen der Oasen Bahariya und Farafra, die während der ständigen Grenzstreitigkeiten stark gelitten haben müssen. Ramses III. aus der 20. Dynastie kämpfte ebenfalls gegen die Libyer, besiegte sie und brachte sie als Sklaven nach Ägypten. Danach entwickelte sich in Bahariya ein reger Weinexport. Im Grossen Papyrus Harris, der sich im Britischen Museum befindet und unter anderem alle Tempelausstattungen und Stiftungen von Ramses III. aufführt, erwähnt der Pharao auch den Wein aus Bahariya: Er wünschte, sagt er, der Wein der nördlichen Oase wäre dem der südlichen Oase (vermutlich Kharga) ähnlicher.

In der 21. Dynastie, die auf die schwache Regierungszeit von Ramses XI. folgte, gewannen die Libyer, die zur Ansiedlung in Ägypten gezwungen worden waren, wieder an Macht und übernahmen schließlich Theben, von wo aus sie das Land fast drei Jahrhunderte lang regierten. Für die libyschen Herrscher der 22. Dynastie waren Kharga, Dakhla und Bahariya von großer strategischer Bedeutung. In einer unvollendeten Sandsteinkapelle in der Gegend von El Eion (in El Bawiti) fanden sich Stelen, die zunächst auf die

Jenseits der Sanddünen und Bauernhöfe von El Bawiti liegen die steinernen Überreste des Alexander-Tempels

Die Archäologen Aiman Wahbi und Mohammed Tiyab (im Hintergrund) dokumentieren die Wandmalereien im Grab des Bannantiu (26. Dynastie)

Regierungszeit Thutmosis' II. (1492–1479 v. Chr.) datiert worden waren. Durch eine Kartusche am Kapelleneingang mit einer Namensinschrift stellte sich jedoch heraus, dass sie aus der Zeit des libyschen Herrschers Sheshonq IV. stammen. Andere Quellen belegen, dass zu jener Zeit Bahariya von einem Regierungsbeamten namens Weshet-het verwaltet wurde, der den Titel «Hoher libyscher Würdenträger» trug. Ein anderer Libyer, Arcawa genannt, wurde zu Ende der 22. Dynastie Gouverneur und Priester von Bahariya. Zusammen mit seiner Familie war er verantwortlich für den Bau der Monumente aus jener Zeit.

Nachdem Ägypten unter der 25. und 26. Dynastie (Kuschiten und Saiten) wieder vereint und die libysche Herrschaft beendet war, erlebte Bahariya erneut eine Blütezeit als Zentrum für Landwirtschaft und Handel mit einer eigenen Verwaltung. Soldaten und Beamte wurden in die Oase geschickt, die von Abydos aus regiert wurde. Dokumente im Louvre weisen darauf hin, dass ein gewisser Antef aus Abydos als Gouverneur sämtlicher Oasen fungierte. Weitere Brunnen wurden gegraben und die Felder für den Ackerbau vergrößert. Viele Ägypter siedelten sich in der fruchtbaren Oase an, und wir haben entsprechend viele Grabstätten aus dieser Zeit gefunden.

Im sechsten Jahrhundert v. Chr. gab es einen Machtkampf zwischen König Apries (589–570 v. Chr.) und Ahmose, dem Anführer der ägyptischen Armee, der Truppen in die westliche Wüste schickte und dort die ägyptischen Interessen erfolgreich gegen Griechen und Libyer verteidigte. Ahmose wurde in der Folge zu Ahmose II. gekrönt (570–526 v. Chr.). Er erkannte die wichtige Bedeutung Bahariyas als mögliches Einfallstor nach Ägypten, stellte Truppen zusammen und verteidigte die Oase fortan erfolgreich gegen Angriffe aus dem Westen. Zu seinen Ehren wurden daraufhin bei Ain el-Muftella (nahe El Bawiti) zwei Tempel und viele Kapellen errichtet; in Auftrag gegeben hatte sie Wah-ibranefer, zweiter Priester von Bahariya, der Prinz Sotech-erdies unterstand. Sein Enkel Zed-Khonsu-efankh baute später die Ahmose-Tempel aus.

Das Allerheiligste des Alexander-Tempels

Nach einer Reihe von Eroberungen durch die Nubier und die Assyrer in der Spätzeit wurde Ägypten in der 27. Dynastie dem Persischen Reich einverleibt. In Bahariya entstand eine Garnison, und den Ahmose-Tempeln wurden weitere Räume und Kapellen hinzugefügt. Doch trotz all dieser Maßnahmen kontrollierte ab 332 v. Chr. der mazedonische Feldherr Alexander Ägypten und wurde sogar vom Volk als Befreier willkommen geheißen. Nach seinem berühmten Zug in die Oase Siwa, wo er sich vom Amun-Orakel als göttlicher Pharao anerkennen ließ, ist möglicherweise er oder ein Teil seines Gefolges nach Bahariya weitergereist, denn hier finden wir den einzigen Tempel in ganz Ägypten, der Alexander dem Großen gewidmet ist.

Alexander und Ptolemaios, Kommandeur der ägyptischen Armee und Alexanders Nachfolger, etablierten einen zentralistischen Regierungsstil, und Bahariya profitierte vom wirtschaftlichen Aufschwung der folgenden Jahrzehnte. Handelsstraßen verbanden die Oasen vor allem mit Libyen, die militärische Präsenz wurde verstärkt, diesmal nicht nur als Schutzmaßnahme, sondern auch um einen Ort zu schaffen, von dem aus die Ptolemäer, die griechischen Herren Ägyptens, die westliche Wüste kontrollieren konnten. Nachdem die ptolemäischen Könige Libyen eingenommen hatten, bauten sie in Bahariya

Der Autor sitzt mit der Archäologin Tohfa Handussa im Alexander-Tempel, während Dr. Shafia Bedeer die koptischen Graffiti früherer Tempelbesucher studiert

eine starke Garnison zum Schutz der Handelsstraße zwischen Ägypten und Darfur. Dieser Handelsweg führte über die Darb-el-Arba'in-Route oder «Vierzig-Tage-Straße» und verband die Oase Kharga mit dem westlichen Sudan.

Die Archäologen George Steindorff und Ahmed Fakhri verzeichneten mehrere Lehmziegelgebäude, die in der Nähe von El Bawiti von den Ptolemäern erbaut wurden, aber sie müssen erst noch vollständig freigelegt werden. An den Eingängen und Wänden dieser Gebäude finden sich Darstellungen von Thoth in Gestalt eines Ibis und Inschriften – teilweise in der traditionellen hieratischen, einige in der neueren demotischen Schrift –, die für Wissenschaftler von großem Interesse sein dürften. In mehreren Tempeln aus der Ptolemäerzeit wird die Göttin Hathor «Herrin der Oase Bahariya» genannt, während der Mondgott Khonsu und Amun als «Herren der Oase Bahariya» erscheinen. Amun war zu jener Zeit der bedeutendste Gott, deshalb weihte Alexander der Große ihm seinen Tempel. Der Friedhof der goldenen Mumien, an dem sich der Wohlstand ablesen lässt, den die Oasenbewohner damals genossen, wurde meiner Berechnung nach während Alexanders Regierungszeit um das Jahr 332 v. Chr. angelegt.

Die Kultur und Wirtschaft der Oase erlebten vorübergehend einen Niedergang, als die

Archäologen lesen bei sinkender Sonne die Inschriften am Alexander-Tempel

ptolemäischen Herrscher gegen die Römer kämpften. So haben wir beispielsweise herausgefunden, dass das Bewässerungssystem der Oase unter den ersten Ptolemäern ausgebaut wurde, danach jedoch verfiel. Unter den Römern kam es erneut zu einem Aufschwung. Die römische Herrschaft brachte höhere Einkünfte durch den massiven Getreideexport nach Rom und schaffte neue Arbeitsmöglichkeiten für die Einheimischen. In Ain el-Siwi, heute bekannt als Ain el-Jeblia, fanden sich Tongefäße aus römischer Zeit. Ain el-Jeblia ist eine dörfliche Ansiedlung außerhalb der alten Hauptstadt El Qasr, einer Ausgrabungsstätte mit Häusern, Kirchen und einem Friedhof aus dem zweiten nachchristlichen Jahrhundert. Dort steht auch das wichtigste römische Siegessymbol, ein Torbogen.

In Bahariya entstanden Straßen, alte Brunnen und Aquädukte wurden restauriert und ausgebaut, und man errichtete Tausende von Lehmziegelhäusern. Dieses schnelle Wachstum, verbunden mit steigendem Wohlstand, dauerte bis ins dritte Jahrhundert nach Christus an. In dem Dörfchen El Meysera fand Fakhri im Boden unter einem Haus einen Behälter mit Schmuck und Münzen aus der Zeit des Valens, der von 364 bis 378 in Ägypten regierte. Auch nach dieser Zeit wurden noch Gräber in den Sandstein gehauen. Leider mussten die meisten ägyptischen Bürger für die Erfolge des Römischen Reiches einen hohen Preis bezahlen, denn Rom übte seine Regierungsgewalt mit besonderer Strenge und Konsequenz aus.

Wächter wärmen sich bei Sonnenuntergang vor dem Konservierungszelt im Tal der goldenen Mumien

Naphtali Lewis, einer der führenden Experten für die griechisch-römische Zeit, schreibt: «Das Los der einfachen und armen Leute war nirgendwo im Römischen Reich beneidenswert [...], aber der Bevölkerung Ägyptens scheint eine besonders harte Behandlung zuteil geworden zu sein. Die römische Politik in Ägypten war so repressiv, dass man als Grund fast schon Rachsucht vermuten muss.» Wir wissen aus einem detaillierten Zensus, dass die Regierung hohe Steuern erhob und Schuldner, die nicht bezahlen konnten, ins Gefängnis werfen ließ. Alle Männer, die nicht Bürger Roms waren oder in den autonomen griechischen Städten lebten – also alle Ägypter –, zahlten vom 14. Lebensjahr an eine Kopfsteuer. Menschliche Arbeitskraft und natürliche Ressourcen wie Getreide wurden systematischer ausgebeutet als vorher. Lewis berichtet, dass die Lebenserwartung unter der römischen Besatzung auf erstaunliche 22,5 bis 25 Jahre sank. So niedrig war sie in der Region seit dem späten Neolithikum nicht mehr gewesen. Diese erhöhte Sterblichkeitsrate war vermutlich durch Stress, schlechte Ernährung und Gewalteinwirkung bedingt.

Die meisten dieser Informationen basieren auf Studien über das Niltal, doch wir wissen im Grunde noch nicht viel über die Lebensqualität der Ägypter unter römischer Herrschaft; vor allem, was die Lebensumstände in den Oasen betrifft, für die es weniger historische Quellen gibt. Altägyptische Texte und Stelen weisen darauf hin, dass die Oasen weit genug von der Zentralregierung entfernt waren, um als Zuflucht vor den römischen Soldaten zu dienen, und Naphtali schreibt, «es kam unter römischer Herrschaft nicht selten vor, dass Bauern aus dem reichen Tal in die Wüste flohen».

Auf der Grundlage der Volkszählungen, die die Römer durchführten, um effizienter Steuern einzuziehen, schätzen wir die Bevölkerung Ägyptens in römischer Zeit auf etwa sieben Millionen. Wir wissen jedoch nicht, wie viele Menschen in Bahariya und Um-

Die koptische Kirche bei der Römersiedlung in der Nähe eines alten Brunnens

gebung lebten. Die alten Historiker befassten sich vorrangig mit höheren Gesellschaftsschichten, dann erst mit den niederen. Da die Ägypter mit der römischen Regierung auf Griechisch kommunizieren mussten, sind die meisten Ägypter in der Geschichtsschreibung der römischen Ära nicht vorhanden. Schriftliche Quellen auf Ostraka oder Papyrus berichten uns, dass Hadrian um 213 n. Chr. das Militär in Bahariya befehligte. Obwohl der Posten offenbar gut befestigt war, zerstörten die libyschen Nobatai, ein Grenzvolk, 298 n. Chr. die Dörfer in der Oase. Eine Landkarte aus dem Jahr 399 zeigt zusätzliche römische und byzantinische Militärposten am Rande von Bahariya, unter anderem in El Haiz, auf das wir später noch zurückkommen.

Neue bioarchäologische Daten könnten unsere Wissenslücken schließen, doch die Schlussfolgerungen, die aus den Röntgenbildern von Mumien gezogen werden, sind nicht immer zutreffend, weil die Gräber oft über lange Zeiträume benutzt und die Mumien manchmal umgebettet wurden. Die Bahariya-Mumien jedoch können durch die sie umgebende Architektur und die Grabbeigaben exakter datiert werden, und darüber hinaus werden sie jetzt mittels Röntgenaufnahmen und DNA-Analysen weiter untersucht. Die Untersuchungen haben bislang ergeben, dass die Bevölkerung der Oase weniger zu leiden hatte als die Ägypter aus dem Niltal, die in unmittelbarer Nähe der Regierung und der Militärmacht lebten.

Unter den Römern hielt in Bahariya auch die christliche Religion Einzug. Die koptischen Heiligen Bartholomäus und Georg werden von dem armenischen Historiker Abu Saleh im zwölften Jahrhundert in Verbindung mit Bahariya erwähnt, und eine Kirche in El Haiz, die St. Georg geweiht ist, soll dessen sterbliche Überreste enthalten haben. Andere koptische Monumente finden sich in El Qasr, El Bawiti und Mandeesha. Das wichtigste christliche Relikt ist jedoch eine Kirche in El Haiz, die Fakhri auf das Ende des fünften oder den Beginn des sechsten Jahrhunderts datiert und in der sich vielleicht schon früher Christen versammelten (s. Kapitel 10). Man kann nicht genau festlegen, wie lange und in welcher Form das Christentum in Bahariya praktiziert wurde. Fakhri zum Beispiel glaubt, dass die Siedlung El Haiz im Mittelalter, zwischen dem 12. und dem 17. Jahrhundert, gar nicht bewohnt war.

Das Leben und die Lehren des Propheten Mohammed beeinflussten das ägyptische Volk vom siebten Jahrhundert an. Es gibt zwar kaum Berichte über die Oasen aus dieser Periode, es finden sich jedoch Hinweise darauf, dass Amir Ibn el-As, der Anführer der arabischen Armee, die Ägypten 641 eroberte, Truppen aussandte, um die politische Stabilität in der westlichen Wüste zu gewährleisten. Es ist aber auch möglich, dass die abgelegenen Oasen erst im 16. Jahrhundert den Islam annahmen, lange nachdem er in Ägypten als Staatsreligion eingeführt worden war.

Im Mittelalter blieb Bahariya ein viel besuchter Handelsort auf dem Weg in andere Teile Nordafrikas und behielt dadurch seine politische und wirtschaftliche Bedeutung. Als die islamischen Gesetze allerdings den Alkoholkonsum untersagten, wurde in der Oase jegliche Weinproduktion für kommerzielle Zwecke eingestellt. Nach der Eroberung durch die Ottomanen im Jahre 1516 wurde Ägypten von König Mohammed Ali beherrscht. Dessen Regierung und die seiner Nachfolger bemühten sich, Bahariya stärker an das Niltal anzubinden, vor allem an die Regionen El Menia und Assiut. Im 18. Jahrhundert erwachte durch Benoît de Maillet, den Konsul Ludwigs XIV., in Europa das Interesse an ägyptischen Altertümern, und Napoleon nahm 1798 auf seine Feldzüge Wissenschaftler und Künstler mit, die die bis dahin vollständigste archäologische Karte der Region erstellten. Daraufhin strömten Archäologen, Historiker, Abenteurer, Sammler und Touristen in Scharen nach Ägypten und suchten nach Kunstschätzen, und viele von ihnen besuchten auch Bahariya und priesen die Schönheit der Monumente.

Der berühmte Forscher und Ausgräber Giovanni Belzoni, der dafür verantwortlich war, dass so viele Funde auf dem europäischen Markt feilgeboten wurden, brachte Bahariya irrtümlich mit dem Orakel des Amun in Verbindung. Auf Grund dieses Irrtums lieferte Belzoni einige der frühesten detailgetreuen Beschreibungen von Monumenten in der Oase. Später zeichnete der Archäologe Gailliud wichtige Informationen über Bauwerke auf, die heute nicht mehr existieren, so auch über den römischen Bogen in El Haiz. 1825 besuchte der englische Archäologe Sir John Gardner Wilkinson die Paläste von El Zabu und El Maishra und einige Gebäude um El Qasr. Ein Abenteurer namens Vershow behauptete 1876, er habe unterirdische Räume besichtigt, die Tongegenstände und Särge enthielten. Vielleicht waren das die Schächte und Grabanlagen bei El Bawiti, die wir derzeit freilegen. Ebenfalls 1876 besuchte der deutsche Archäologe Ascherson Bahariya, beschrieb eine Anzahl von Bauten und nahm Funde mit zurück nach Berlin.

Auf seinem Weg in die Oasen Siwa und Fayum entdeckte George Steindorff das Grab des Amenhotep Huy (s. Kapitel 14). In El Qasr fand er eine Alabasterstatue des Priesters Zed-Khonsu-efankh, dessen Grab wir noch freizulegen hoffen. 1903 katalogisierten Bead-

Ein Bauer holt auf seinem Esel Futter für die Tiere

Unten: Ein Beduine aus der Wüste besucht den Markt in El Bawiti

nell und Ball die meisten Ausgrabungsstätten der westlichen Wüste und verfassten ein ausgezeichnetes geologisches Werk, das wir Archäologen heute noch zu Rate ziehen. Den umfassendsten wissenschaftlichen Beitrag aus neuerer Zeit verdanken wir dem ägyptischen Archäologen Ahmed Fakhri; in seinen Publikationen beschreibt er sehr präzise, was er in den dreißiger und vierziger Jahren in Bahariya entdeckt hat.

Die Traditionen in den Oasen halten sich länger als im Niltal, weil die Distanz zu den städtischen Trends den Oasenbewohnern eine Art Inseldasein beschert. Es ist allerdings nicht verwunderlich, dass sich auch die Oasenstädte und ihre Einwohner in den vergangenen fünfzig Jahren stark gewandelt haben, seit es bessere Straßen, eine Eisenbahnverbindung und das Fernsehen gibt.

Manches ist aber auch gleich geblieben. So gelten die heutigen Bewohner von Bahariya als direkte Abkömmlinge der alten Ägypter, zu denen sich mit der Zeit Beduinen, Einwanderer aus dem Nahen Osten und Menschen aus anderen Oasen gesellten. Kaufleute stellen heute wie damals die reichste Gruppe, und die Landwirtschaft ist immer noch die wichtigste Einnahmequelle, nur haben Datteln den Wein als Exportartikel abgelöst. Interessanterweise halten sich Traditionen aus der Pharaonenzeit, wenn sie auch nicht mehr aus denselben Gründen praktiziert werden. Bei Beerdigungen werden immer noch Vasen mit Wasser auf das Grab gestellt und Getreidekörner darumgestreut. Nach Ansicht der Moslems sollen damit Vögel angelockt werden, aber der altägyptische Ritus basierte auf der Vorstellung, dass *ba,* die Seele des Menschen, in Gestalt eines Vogels mit dem Kopf des Verstorbenen wiederkehrt, um den Körper zu besuchen, und dann Wasser und Nahrung brauchte. Viele Oasenbewohner glauben an Magie, und manche bedienen sich alter Zauberformeln.

Seit der Epoche der Pharaonen wird ein System artesischer Brunnen verwendet, und vielerorts sind die alten Brunnen noch in Gebrauch. Man sieht die Spuren, die die Seile im

Sandstein hinterlassen haben, weil über so lange Zeit hinweg schwere Wassereimer immer an derselben Stelle hochgezogen wurden. Leider mussten viele dieser Brunnen vor Jahren aufgegeben werden, als sich der Wasserspiegel senkte. Eines der größten Probleme von Bahariya ist in der Tat die mangelnde Wasserversorgung und das stetige Vordringen der Sanddünen, die Brunnen, Gärten und sogar Häuser zudecken. Der Verlust von kultivierbarem Land, der in den fünfziger Jahren besonders hoch war, führte dazu, dass Tausende alteingesessener Familien in die Städte flohen, vor allem nach Kairo, um dort Arbeit zu suchen. Die Bevölkerungszahl von Bahariya ging auf 6000 zurück, aber schon 1986 waren es wieder fast 20 000 Einwohner und heute leben 27 000 Menschen in der Oase. Wie kam es zu dieser Entwicklung?

Zu Beginn des 20. Jahrhunderts gehörte Bahariya zum Verwaltungsbezirk Minia und Fayum und später zu Mersa Matruh. Erst 1972 wurde die Oase endlich dem Bezirk Giza zugeordnet, und deshalb können wissenschaftliche Ausgrabungen jetzt unter der Aufsicht der Zentralverwaltung für antike Funde von Giza durchgeführt werden. Gleichzeitig

Dattelpalmen bestimmen noch immer wie im Altertum das Bild der Oase

Ein Bauernhof in El Bawiti mit Lehmziegelmauer

wurde das Straßensystem ausgebaut. Vor 1973 gab es nur zwei Wege, auf denen man die Oase erreichen konnte – die Kamelstraße von Bahnasa und die unbefestigte alte Straße aus Kairo. Man brauchte einen Jeep, um Menschen oder Waren zu befördern, und die Reise dauerte drei bis zehn Tage, fast ebenso lange wie mit dem Kamel. Die nächstgelegene Stadt lag 185 Kilometer bzw. eine Tagesreise entfernt in der Oase Farafra.

Ende 1973 waren beide Karawanenstraßen asphaltiert, und heute stellt die Fahrt per Auto oder Bus kein Problem mehr dar. Mit den zahlreichen Besuchern der Oase finden rege Tauschgeschäfte statt – Datteln, Oliven, Olivenöl, Aprikosen, Weintrauben, Wassermelonen und Zitrusfrüchte gegen Tee, Zucker, Seife, Saatgut und anderes. Bedauerlicherweise wurden auch Krankheiten importiert: Mit Orangenbäumen aus dem Niltal kamen die Fruchtfliegen und übertrugen Erreger auf Melonen und Tomaten. Importierte Kühe steckten das Vieh in der Oase mit einer Lebererkrankung an, von der jetzt auch Schafe, Büffel und sogar Kamele befallen sind. Die Verwendung von Pestiziden in El Haiz hat teilweise zu einem Absinken der Fruchtbarkeit und zu Missbildungen geführt. Andererseits haben sich die medizinische Versorgung der Menschen und der allgemeine Lebensstandard deutlich verbessert. Früher behandelte der Barbier die Kranken, heute hat jede Stadt eine Ambulanz, und im Hauptkrankenhaus können kleinere Operationen durchgeführt werden. Jeden Monat kommen Ärzte und Zahnärzte aus Kairo und kümmern sich um die komplizierteren Fälle. Die ägyptische Regierung schuf 1959 die Organisation für Wüstenentwicklung, und viele Menschen, die in andere Gebiete gezogen waren, konnten dank verschiedener Projekte nach Bahariya zurückgelockt werden, um Brunnen zu graben und Land zu kultivieren.

Mitte der siebziger Jahre wurden Eisenbahnschienen über die Sanddünen gelegt, und die Regierung begann, die Eisenerzvorkommen in Bahariya auszubeuten. Auch dieses Projekt schuf Arbeitsplätze, und die Menschen waren nicht länger auf Datteln und andere Agrarprodukte angewiesen, für die man fruchtbaren Boden braucht. Die Mine in El Jedidah beschäftigt derzeit 700 Arbeiter und schickt täglich 8000 Tonnen Eisenerz nach Kairo. Für die Zukunft plant man den Bau eines Kanalsystems, das Wasser aus dem Assuansee in die Oasen umleiten soll. In den siebziger Jahren hielt auch die Elektrizität Einzug, dadurch wurde El Bawiti praktisch über Nacht modernisiert. 1986 folgte das Fernsehen, und bereits ein Jahr später besaß die Oase ihren eigenen Fernsehsender.

Durch die bessere Verkehrsanbindung an Kairo und die 1952 eingeführte allgemeine Schulpflicht erhöhten sich die Bildungschancen der Oasenbewohner dramatisch. Mindestens 80 Prozent der Bevölkerung können heute lesen und schreiben. Die meisten jungen Menschen besuchen die höhere Schule und manche sogar die Universität. Dadurch, dass sich den Jungen verschiedenste berufliche Möglichkeiten eröffnet haben, ist die Abhängigkeit von Erfolg oder Misserfolg der Agrarwirtschaft geringer geworden. Das breitere berufliche Spektrum hat aber auch zu einer Schichtenbildung innerhalb der Gesellschaft geführt, die wiederum Spannungen und einen verschärften Wettbewerb zur Folge hat.

Geflügelbauer auf dem öffentlichen Markt in El Bawiti

Dorfbewohner aus El Bawiti vor ihren Lehmziegelhäusern

Unten: Junge Frauen in islamischer Kleidung vor der Schule

Es ist sicher nicht zu leugnen, dass die Oase vor der Einführung der modernen Errungenschaften, vor allem des Fernsehens, ihr eigenes Erbe und ihre Traditionen bewahrt hatte und die Modernisierung ihre spezifische Kultur zerstört. Frauen und Mädchen beispielsweise trugen früher lange, schwarze, formlose Gewänder, die mit roten, grünen und gelben Linien bestickt und mit einer Art silberner Münzen verziert waren. Sie schlangen ein rotes Leinenband um die Kopfbedeckung oder das Haar und fast der gesamte Körper war geschmückt. Von einem Haarband hingen Silberscheiben über die Stirn und die meisten Frauen trugen als Ohrringe Silberreifen, an denen oft noch andere Schmuckstücke baumelten, und dazu silberne Armreifen und Fußspangen, goldene Nasenringe und Halsketten aus Glasperlen, Bernstein oder Silber. Manche verzierten sogar Stirn und Kinn mit Tätowierungen. Am Abend trugen die Frauen große schwarze Umhänge über ihren eleganten Gewändern. Heute tragen die Frauen die Mode aus Kairo – einfache Kleider und Kopfbedeckungen, die manchmal über das Gesicht gezogen werden. Einige wenige konservative Frauen kleiden sich noch in ihre traditionellen Gewänder, aber sie stellen sie nicht mehr stolz zur Schau, sondern bleiben in den Häusern. Bei all meinen Besuchen in Bahariya bin ich auf der Straße nie einer Frau begegnet, und die Schmuckstücke und Schals, die die Kunsthandwerker immer noch herstellen, werden hauptsächlich von Touristen gekauft. Auch viele Männer tragen inzwischen moderne Hemden und Hosen, obwohl man auch häufig die traditionelle lange, weiße *gallabia* sieht, die mit einem kurzen Hemd getragen und zu der ein weißer Schal um den Kopf gewickelt wird.

In El Bawiti gibt es eine neue Polizeiwache. Jedes Dorf hat eine Sportanlage, und ein Flugplatz entsteht gerade, sodass Touristen, Archäologen und einheimische Kaufleute bald in weniger als einer Stunde von Kairo nach Bahariya fliegen können. Es gibt Hotels, wie die El Beshmo Lodge, in der wir wohnten, und das English House. Nur zwei Stunden entfernt liegt im Süden die faszinierende Weiße Wüste, in denen Felsbeläge aus Kalziumablagerungen eine einzigartige Landschaft bilden.

Eine der vielen natürlichen heißen Quellen in der Nähe der Oase

Unten: Die El Beshmo Lodge in El Bawiti, in der das Ausgrabungsteam während der Grabungssaison wohnt

8 Religiöse Vorstellungen im alten Ägypten

Der Stil und die Methoden der Mumifizierung wandelten sich von einer Dynastie zur nächsten beträchtlich, doch die religiösen Vorstellungen, die dahinter standen, blieben über 3000 Jahre hinweg die gleichen. Obwohl fremde Eroberer ihr kulturelles Erbe mitbrachten, blieben Mythologie und Ritus in Ägypten ungebrochen. Selbst die Römer und Griechen, die eine hoch entwickelte Kultur und eigene Götter besaßen, übernahmen vielfach das komplexe ägyptische Götterpantheon und die rituellen Praktiken. Erst wesentlich später vermischten sich die verschiedenen Einflüsse. Dass sich die Invasoren lieber ägyptisieren ließen als ihre Religion den Beherrschten aufzuzwingen, ist ein eindrücklicher Beweis für die Stärke der altägyptischen Kultur. Erst mit der Ankunft des Christentums sank der Einfluss der alten Religion, und selbst da lässt sich noch beobachten, dass viele Bilder und Glaubenssätze der neuen Religion aus der traditionellen ägyptischen Theologie abgeleitet sind. Römische Christen haben vielleicht einige der populären alten Götter übernommen, um mehr Macht über ihre Untertanen auszuüben. So könnte beispielsweise die Göttin Isis, die oft mit ihrem Sohn Horus auf dem Schoß dargestellt wird, als Mutterfigur das Vorbild für die Jungfrau mit dem Christuskind gewesen sein.

Der wichtigste Beitrag, den die ägyptische Mythologie zum Christentum geleistet hat, ist der Glaube an eine Auferstehung nach dem Tod und ein ewiges Leben im Jenseits.

Der Kernsatz der ägyptischen Religion lautete: Auf den Tod folgt immer die Wiedergeburt. Das war kein rein symbolisches Konzept, sondern gründete auf der Beobachtung der Natur. Die alten Ägypter waren davon überzeugt, dass sich nach dem Tod unendliche Lebenszyklen fortsetzten, weil sie täglich erlebten, wie die Sonne auf- und unterging und das Land jedes Jahr überschwemmt und wieder fruchtbar wurde. Das zyklische Verschwinden bestimmter Sterne während eines Monats galt ebenfalls als Beweis dafür, dass der Gott Osiris, wenn auch in die Unterwelt verbannt, immer noch am Nachthimmel lebte. So schien es nur logisch, dass ihre eigenen Körper auf dieselbe Weise funktionierten. Der Tod, so waren sie überzeugt, führt unweigerlich zu einem neuen Anfang.

Allerdings mussten einige Bedingungen erfüllt und Herausforderungen überwunden werden, bevor das neue Leben in Ewigkeit beginnen konnte. Auch wenn der Tod nicht als Ende betrachtet wurde, so begab man sich doch auf eine gefährliche Reise und man war bedrohlichen Mächten ausgesetzt. Der Tote musste sich in der Unterwelt in wahren Labyrinthen zurechtfinden, und dafür brauchte er Karten und geheime Anrufungen oder Zauberformeln an jeder Station des Weges. Alle notwendigen Informationen, einschließ-

Eine Tonstatuette in einem der Gräber aus dem Tal der goldenen Mumien zeigt die Muttergottheit Isis mit ihrem Sohn Horus in einer Pose, die an Maria mit dem Christuskind in der späteren christlichen Ikonografie erinnert

Unten: Ein goldener Armreif mit dem Udjat-Auge

Seite 120: Der Totengott Osiris sitzt mit Krone und Zepter auf dem Thron (Gemälde aus dem Grab der Nefertari im Tal der Königinnen, 19. Dynastie)

lich der Antworten auf die Fragen, die die Götter stellen würden, standen in einer Art Führer zur Unterwelt, einer Sammlung von Texten mit dem Titel «Buch des Heraustretens bei Tage», später als *Totenbuch* bekannt. Diese Sammlung von Zaubersprüchen – die zunächst auf Pyramidenwände, dann auf Särge und Papyri und in der Spätzeit und der ptolemäischen Epoche schließlich direkt auf die leinernen Mumienbinden oder die Kartonage geschrieben wurden – musste mit dem Toten zusammen bestattet werden.

Schützende Amulette aus Gold, Stein oder Fayence begleiteten den Leichnam auf dem Weg in die Unterwelt. Als Amulette dienten Göttergestalten, Skarabäen und Udjat-Augen, und jedem wurden besondere Kräfte gegen ganz bestimmte Gefahren zuge-

Roter Granitsarkophag von König Thutmosis' III. in seiner Grabkammer im Tal der Könige, Luxor

Unten links: Die Pyramidentexte in der Grabkammer des Königs Unas unter seiner Pyramide in Saqqara

Ganz unten: Ausschnitt aus einer *Totenbuch*-Inschrift in der Grabkammer Thutmosis' III.

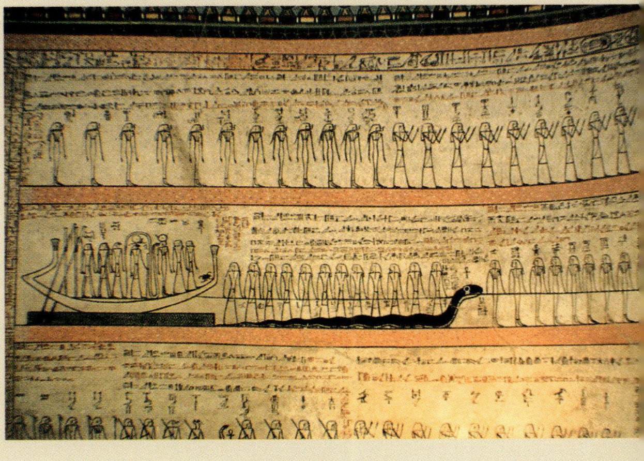

schrieben. Bei Königsmumien waren manchmal unzählige Amulette in die Leinenbandagen eingewickelt, während sich einfache Leute mit wenigen Halsketten, Ringen oder Armreifen begnügen mussten. In der Spätzeit und der griechisch-römischen Zeit wurden allen, die es sich leisten konnten, goldene Amulette beigegeben.

Das Ziel der Reise war der Gerichtssaal, in dem der Verstorbene auf Anubis und Thoth, den Gott der Weisheit, traf, die ihn zu Osiris, dem Gott der Toten, brachten. Dann wurde sein Herz, der Sitz von Intelligenz und Gefühl, auf eine Waagschale gelegt und gegen die Feder der Maat, Göttin der Wahrheit und Gerechtigkeit, abgewogen. Vor einem Tribunal rezitierte der Verstorbene eine Reihe von negativen Bekenntnissen:

Oben und linke Seite: Osiris beim Totengericht im Grab des Bannantiu (26. Dynastie, Bahariya); hinter ihm stehen Hathor und vor ihm das Ungeheuer Amem, das den Leichnam verschlingt, falls sein Herz schwerer wiegt als die Feder der Maat

Oh Dunkler, der aus der Dunkelheit kam, ich habe nicht geflucht.
Oh Darbringer der Opfergaben, der von Assiut kam, ich habe keine Gewalt ausgeübt.
Oh Verkünder der Stimme, der aus Unas kam, ich war nicht taub für die Wahrheit.

Bei diesem Ritual wurde das Verhalten des Verstorbenen überprüft, und es bot ihm selbst die Gelegenheit, dem Tribunal zu versichern, dass er (unter anderem) nie gestohlen oder getötet hat, nie verstockt, heftig oder jähzornig war, nie Ehebruch begangen hat, keine heiligen Tiere geschlachtet hat, keine Prozesse geführt und den König nicht geschmäht hat. Der strenge Verhaltenskodex, den wir im Totenbuch finden, gibt uns eine Vorstellung davon, was die alten Ägypter als korrektes Sozialverhalten betrachteten, obwohl das noch keine Rückschlüsse auf ihr tatsächliches Verhalten erlaubt, denn jeder Person wurde offenbar zugesichert, sie werde die Prüfung bestehen. Die Reise des Verstorbenen in die Unterwelt basierte auf dem Mythos von Osiris, dem obersten Gott Ägyptens, der von seinem Bruder Seth ermordet, mumifiziert und begraben wurde und der im Jenseits wieder auferstanden ist. Osiris' Geschichte garantierte praktisch allen Menschen, dass sie das Totengericht erfolgreich überstehen und in die Ewigkeit eingehen würden.

Dem altägyptischen Glauben zufolge vereinte jedes Individuum mehrere Ebenen in sich. Der physische Aspekt war der schwächste, weil ihm Verfall und Tod drohten. Der *ka* diente dem Körper als Führungs- und Schutzkraft, während *ba*, dargestellt als Vogel mit dem Gesicht des Verstorbenen, unserer Vorstellung von der Seele nahe kommt. Diese beiden lebten, solange sie einen Körper hatten, in den sie zurückkehren konnten, doch wenn ein Mensch zuließ, dass sein Körper zerfiel, verlor er jede Hoffnung auf ein ewiges Leben, und sein *ka* war auf immer dazu verdammt, einen Körper zu suchen, der nicht mehr existierte.

Um dies zu vermeiden, wurden einbalsamierte Leichname, also Mumien, mit einer Statue des Verstorbenen bestattet, in der *ka* und *ba* sich aufhalten konnten, falls der Körper so entstellt war, dass sie ihn nicht mehr erkannten. Sollte auch das Abbild zerstört werden, konnten *ka* und *ba* im *ren*, im Namen der Person, weiterleben, der oft in Form einer Inschrift oder eingekerbt in einer Stele oder Steinplatte an der Grabwand ebenfalls im Grab zurückgelassen wurde. Der Erbe des Verstorbenen musste Opfergaben bringen und war dafür verantwortlich, dass der Name seines Vorfahren ewig erhalten blieb. Nach der endgültigen Vereinigung von *ka* und *ba* erlangte der oder die Verstorbene schließlich den Zustand eines verklärten Geistes oder Schattens, *akh* genannt.

War der Körper durch die Mumifizierung konserviert und die Waagschale der Maat ausgeglichen, wurde dem Reisenden durch die Unterwelt erlaubt, seine Bestimmung als *akh* anzunehmen und in ewiger Jugend im *iaru*, im Paradies, zu leben. Wie sich die Ägypter das Paradies genau vorstellten, ist nicht bekannt. In manchen Texten wird es als Leben zwischen den Sternen beschrieben. Auf jeden Fall ist *iaru* eine Welt, die der irdischen ähnelt, und deshalb brauchte der Verstorbene Nahrung, Möbel, seine Lieblingsspiele und natürlich auch den Körper (s. Kapitel 9 über die Praxis der Mumifizierung).

Dreihundert Jahre vor Christi Geburt herrschte in Ägypten die Dynastie der Ptolemäer. Im Jahre 30 v. Chr. wurde das Land zur römischen Provinz, und mit der Zeit

Eine Kartusche der Königin Nefertari, auf der die Göttin Maat über ihrem Namen wacht

Rechte Seite oben: Bannantiu wird von der Göttin Hathor zur Waage geführt, wo sich entscheiden wird, ob er die Ewigkeit im *iaru*, der altägyptischen Version des Paradieses, verbringen kann

Rechte Seite unten: Details der Brustplatte einer der griechisch-römischen Mumien: Einer der vier Horus-Söhne hält ein Messer hoch, um die Verstorbenen vor dem Bösen zu beschützen

verschwanden praktisch alle Spuren der ägyptischen Mythologie und Religion. Dieser Prozess dauerte fast ein Jahrtausend, und er hatte bemerkenswerte kulturelle Veränderungen zur Folge, die wir durch die Erforschung griechisch-römischer Siedlungen wie die in Bahariya zu verstehen suchen.

Als Ägypten von Alexander erobert wurde, war das vorherrschende Glaubenssystem das der Ägypter, auch wenn andere Religionen daneben bestanden. Bei der Darstellung der Götter gab es leichte Variationen. Die Griechen, deren Sprache mit Alexander in Ägypten zur Amtssprache wurde, gaben dem ägyptischen Hauptgott Usir den Namen Osiris, und sie nannten Hap, den heiligen Stier, jetzt Apis. In römischer Zeit waren diese beiden Götter bereits zu Osorapis und schließlich zu Serapis verschmolzen, dem im Serapeum in Alexandria gehuldigt wurde. Thoth, den Gott des Mondes und der Weisheit, der oft mit der Waagschale beim Totengericht abgebildet wurde, setzten die Griechen mit ihrem Seelenführer Hermes gleich. Bes, dem Gott der Freude und Schutzherrn der Schwangeren und Kinder, wurde später die Rolle des Beschützers der Toten zugesprochen und er wurde mit Dionysos und später mit Bacchus verglichen. Hathor, die Göttin der Schönheit und Liebe, wurde zur weiblichen Manifestation des Osiris, zuständig für Tod und Wiedergeburt, und rückte in die Nähe ihrer griechischen Entsprechung Aphrodite. *Ka* und *ba* vereinigten sich zur Idee der menschlichen Seele. Erst nach dem zweiten Jahrhundert n. Chr. traten im Bereich der Religion und des Jenseitsglaubens radikalere Veränderungen auf.

Der griechisch-römische Tempel der Hathor in Dendera mit einer Reihe anthropoider Särge

Die komplizierte Vorbereitung und Bestattung der Toten war eine kostspielige Maßnahme, die sich in alter Zeit nur die königliche Familie und der Adel leisten konnten. Ein teurer Leichenzug war die einzige Art, böse Geister fern zu halten und dem Toten ein angenehmes Weiterleben zu sichern. Während der römischen Herrschaft jedoch wurden die teuersten Totenriten und magischen Zeremonien abgeschafft, wodurch nun allen Bewohnern Ägyptens ein Platz in der Ewigkeit zugesichert werden konnte.

Die Parabel des Hohepriesters Khaemwase informiert uns über den Wertewandel in griechisch-römischer Zeit. Er berichtet, wie er in der Unterwelt Zeuge von zwei Beerdigungen wird. Eine galt einem reichen Mann, den weinende Frauen und Gefolgsleute zur Grabstätte begleiteten. Anschließend wurde ein Armer bestattet, in einem nur mit Matten ausgekleideten Grab. Ihm folgten keine Klageweiber und keine reich gekleideten Trauergäste. Als Khaemwase auf der sechsten Ebene der Unterwelt anlangte, begegnete er beiden Männern beim Totengericht vor Osiris. Neben Osiris standen Anubis und Thoth mit der Waage. Der Hohepriester stellte fest, dass der Reiche, der eine so extravagante Bestattung bekommen hatte, im Laufe seines vom Glück begünstigten Lebens nichts getan hatte, das ihm auch im nächsten Leben Glück bescheren würde. Der Arme dagegen ging durch den Gerichtssaal ins ewige Leben ein, weil sein Herz rein und leicht wie die Feder war.

In der Römerzeit wurde das gute Betragen eines Menschen zum einzigen Kriterium für den Eingang ins Paradies. Ob der Tote nun reich oder arm war – kein Zauber, keine Amulette, keine weinenden Frauen konnten ihn retten. Zwar herrschten noch Osiris und seine Götter, aber die vielen Tore zur Unterwelt gab es nicht mehr, und übrig blieb einzig das Urteil vor der Himmelspforte – eine Vorstellung, die möglicherweise in die christliche Doktrin eingeflossen ist. Nicht einmal die *uschebtis*, die magischen Figürchen der Diener, die dem Toten im Jenseits harte Arbeit ersparen sollten, nützten ihm, wenn er im Laufe seines

Maat, die Göttin der Wahrheit, breitet ihre Schwingen über den Eingang zum Grab der Königin Nefertari. Schakalköpfige Anubis-Figuren sitzen zu beiden Seiten der Königin und beschützen die Verstorbene

Unten: Die vier Horus-Söhne vor dem thronenden Osiris. Zahlreiche Götter und Göttinnen stehen dem Verstorbenen auf der Reise durch die Unterwelt bei

Lebens nicht freundlich gewesen war. Mit der Zeit setzte sich der Glaube durch, dass den Reichen ihr Reichtum genommen und den Armen gegeben wurde.

Die Mehrheit der Ägypter hatte unter der römischen Herrschaft sehr zu leiden, aber durch diesen neuen Glauben fiel wenigstens die Sorge um die Kosten einer Bestattung weg. Vor dem Eingang in die Ewigkeit musste freilich der Körper konserviert werden, und dies geschah mittels einer Technik, die schon Jahrhunderte früher entstanden war – der Mumifizierung.

9 Die Mumifizierung – ein geschichtlicher Überblick

Die Behandlungsmethoden von Krankheiten durch Naturheilmittel und Operationen waren im alten Ägypten bemerkenswert weit fortgeschritten. Man wusste, wie man verschiedene Zutaten zu wirksamen Medikamenten mischen musste; einige dieser «Rezepte» sind uns durch spezielle medizinische Papyri überliefert. Berücksichtigt man die medizinischen sowie anatomischen Kenntnisse und den Jenseitsglauben der frühen Ägypter, ist es nicht verwunderlich, dass gerade sie eine sehr effektive Methode für die Konservierung von Leichen entwickelt haben. Die Mumifizierung ist eine einzigartige Kombination von Medizin und Magie, und wir sind noch dabei, die Informationsfülle über Methoden, Werkzeuge und Materialien zu verarbeiten. Auch in Bezug auf die alten Rituale und Zaubersprüche in Zusammenhang mit der Mumifizierung sind noch viele Fragen offen.

Die traditionelle Mumifizierung Vor über 5000 Jahren bedeckten die Ägypter ihre Toten mit Tierfellen oder Leinen und begruben sie in Matten gewickelt oder in eiförmige Gefäße eingeschlossen in Gruben, die sie am Rand ihrer Felder gegraben hatten. Vielleicht fiel ihnen damals schon auf, dass der trockene Wüstensand die Skelette in gutem Zustand erhielt und die Knochen auch nach langer Zeit noch von Haut umgeben waren, und sie suchten nach Methoden, um diesen Prozess der Dehydrierung zu intensivieren. Die ersten künstlich mumifizierten Menschen stammen aus dem prädynastischen Ägypten. Man verwendete verschiedene Substanzen, um den Leib zu versiegeln, und umwickelte den Leichnam sehr eng mit Leinen. Menschliche Überreste in Elkab (Oberägypten) zeigen Spuren von Öl und anderen Materialien.

Die frühesten Hinweise, dass Könige mumifiziert wurden, können auf die 1. und 2. Pharaonendynastie (etwa 3000 v. Chr.) datiert werden. Im Grab des Königs Djer in Abydos fand man die Überreste eines Arms mit Amulettreifen aus Gold und Halbedelsteinen. Manche Wissenschaftler glauben, dass es sich um eine Königin oder einen Höfling handelt, aber vielleicht ist es auch der König selbst. In der Stufenpyramide von Saqqara wurden Skelettreste gefunden, die möglicherweise von König Djoser stammen. Bei den sterblichen Überresten von Sneferu, dem ersten Pharao der 4. Dynastie, wurde Harz im leeren Schädel entdeckt, was darauf hinweist, dass schon zu jener Zeit das Problem der Verwesung gelöst wurde, indem die Balsamierer Harz in die Körperhöhlen füllten, aus denen zunächst das Gehirn und die inneren Organe, die sich als Erstes zersetzen, entfernt worden waren. Untersuchungen von Grabstätten aus der 3. Dynastie in Meidum (Mittel-

Der mit Einlegearbeiten geschmückte anthropoide Holzsarg der Königin Meryt-Amun; derartige Särge wurden vor allem im Neuen Reich angefertigt

Unten: Die fast perfekt erhaltenen Gesichtszüge der Mumie von König Ramses II. (Ägyptisches Museum, Kairo) demonstrieren die hoch entwickelten Mumifizierungstechniken im alten Ägypten

Seite 130: Die vier Kanopen aus dem Grab des Iuf-aa in Abusir (26. Dynastie). Die Krüge enthielten Nieren, Leber, Magen und Lungen des Verstorbenen, die er im Jenseits wieder brauchte. Auf jedem Krug steht der Name des Gottes, der das darin befindliche Organ bewacht

Rechte Seite: Der Sonnengott Ra als Mumie vor der Vereinigung mit Osiris, beschützt von Isis und Nephtys (Grab der Nefertari, Tal der Königinnen)

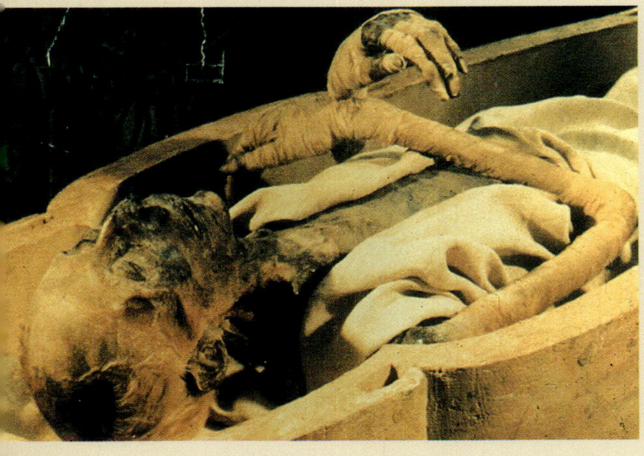

ägypten) ergaben, dass die Organe in Behältern aufbewahrt wurden und im Grab einen speziellen Platz erhielten. Getrocknete Organreste befanden sich am Boden eines ausgehöhlten Alabasterblocks, der im Grab der Königin Hetepheres, der Mutter des Cheops, östlich der Großen Pyramide stand. Er ist der Vorläufer der so genannten Kanopen, in denen die inneren Organe getrennt von der bandagierten Mumie aufbewahrt wurden.

Holzsärge und steinerne Sarkophage tauchen bereits in Grabstätten der Frühzeit (3100–2686 v. Chr.) auf. Gegen Ende des Alten Reiches (2686–2181 v. Chr.) wurden die Leinenbandagen mit einer Gipsmasse verstärkt, um eine feste Hülle für den Leichnam zu schaffen, bevor er in den Sarg gelegt wurde. Oft beschränkte man sich bei dieser Methode

Die vier Alabaster-Kanopen aus dem Grab des Königs Tutenchamun, auf deren Deckeln sein Kopf abgebildet ist (Ägyptisches Museum, Kairo)

auf den Kopf und modellierte den Körper seitlich aus, damit er natürlicher wirkte. Im Mittleren Reich wurden die Mumien bemalt und vergoldet. Ab der 17. Dynastie, etwa um 1600 v. Chr. kamen anthropoide, nach Menschengestalt geformte Särge auf, denen kunstvolle Masken hinzugefügt wurden.

Im Neuen Reich (1550–1069 v. Chr.) erreichte die Kunst der Mumifizierung ihren Höhepunkt. Wir haben durch das Grab des Tutenchamun einen Einblick erhalten, wie aufwändig die Bestattungen in der 18. Dynastie geworden waren. Nachdem der Leichnam dieses relativ kleinen Königs in 16 Leinenschichten gewickelt worden war, hatte man ihn in einen goldenen anthropoiden Innensarg gebettet, diesen in zwei mittlere Särge gelegt und schließlich das Ganze in einem Sarkophag aus Quarzit versenkt.

Während der Spätzeit (747–332 v. Chr.), in der Ägypten von einer Reihe fremder Herrscher regiert wurde, verlor die Praxis der Mumifizierung allmählich ihren Zweck und die Methoden änderten sich. Die Vorbereitungen wurden weniger sorgfältig ausgeführt, und die Eingeweide wurden nicht mehr durch einen seitlichen Bauchschnitt entnommen, sondern durch rektale Einläufe aufgelöst. Die reichliche Verwendung von Harz scheint den zeitraubenden Prozess der Entwässerung und Salbung abgelöst zu haben, und die Toten wurden nicht mehr entlang der traditionellen Nord-Süd-Achse bestattet.

In Gräbern aus prädynastischer Zeit waren die Hände des Verstorbenen über dessen Gesicht gelegt, und der Körper lag in der Regel auf der Seite, das Gesicht der aufgehenden Sonne zugewandt. Seit dem Alten Reich lagen die Mumien auf dem Rücken, und ihre Arme waren seitlich neben dem Körper platziert. Hin und wieder fand man Mumien, deren Hände die Genitalien bedecken, und erst im Neuen Reich und dann wieder Jahrhunderte später unter den Römern hatten die Mumien in Anlehnung an die Haltung des Gottes Osiris ihre Arme über der Brust gekreuzt.

Oben und nächste Seite: Im Grab des Bannantiu in Bahariya wird Anubis gezeigt, der den Verstorbenen einbalsamiert, während Isis und Nephtys ihn betrauern. Unter dem Tisch stehen Bannantius Kanopen

Vielfältige Informationen über die Materialien und Werkzeuge für die Mumifizierung lieferten uns Verstecke in der Nähe von Gräbern, in denen die Balsamierer übrig gebliebenes Material zurückgelassen hatten, als ihre Arbeit beendet war. Dort fanden sich Messer, Pinzetten, Haken für die Nase und Klistierspritzen, außerdem hölzerne Balsamierungstische mit Beinen, die wie Löwenköpfe geformt waren. Auch Natronsalz, Öl und Holzkohle ließen die Balsamierer bei den Königsgräbern zurück.

Den Ablauf einer Mumifizierung illustriert eine Wandmalerei in einer Grabstätte aus der 19. Dynastie des Neuen Reiches. Die Abbildungen zeigen die verschiedenen Stadien der Mumifizierung, unter anderem zwei Szenen, die die Salbung des Leichnams darstellen. In einem anderen thebanischen Grab fand man Szenen, in denen eine Mumie bandagiert

und mit Öl übergossen wird; anschließend wird aus Kartonage eine Gesichtsmaske gefertigt. Ein Mann greift mit den Händen in ein großes Tongefäß, das möglicherweise Mumifizierungsmaterial enthielt.

Das Wort «Mumie» scheint sich aus der irrtümlichen Annahme entwickelt zu haben, dass das persische Bitumen, oder *mummia*, zur Einbalsamierung von Leichnamen verwendet worden sei. Heute wissen wir, dass es Harz war, das von Bäumen stammte. Andere

Substanzen, zum Beispiel Bienenwachs, erwähnt der römische Historiker Plinius, und DNA-Tests haben gezeigt, dass es zur Versiegelung der Körperöffnungen, der Augen und für die Leinenbinden verwendet wurde. Doch das wichtigste Hilfsmittel für die Entwässerung war Natronsalz, ein natürliches Salz, das sich an den Ufern und in den Senken des Wadi Natrun (Unterägypten), in Elkab (Oberägypten) und in der Oase Fayum angesammelt hatte.

Die Methoden der Mumifizierung hat der Grieche Herodot im Detail beschrieben. Er besuchte Ägypten etwa um 450 v. Chr. Er spricht von drei Methoden der Konservierung, die alle 70 Tage dauern. Die teuerste Methode war diejenige, bei der das Gehirn mit einem Haken durch die Nase entfernt wurde und die inneren Organe durch einen Schnitt am Rumpf entnommen wurden. Dann wurde die Höhlung mit Palmwein und Gewürzen gereinigt, wieder zugenäht und der Körper geölt und mit Natron bedeckt. Nach der Entwässerung, die vierzig Tage dauerte, wurde der Leichnam mit Leinenbinden umwickelt und in einen Sarg gelegt. Bei der zweiten Methode wurden die Eingeweide durch einen Einlauf aufgelöst und entfernt, der Körper aber wie bei der ersten mit Natronsalz und Salbölen behandelt. Bei der billigsten Methode wurde dem Leichnam lediglich ein Einlauf gemacht, danach wurde er getrocknet, bandagiert und schließlich wieder seinen Angehörigen übergeben.

Auch ein späterer Historiker, Diodorus aus Sizilien (ca. 40 v. Chr.), versuchte diese damals einzigartige Technik zu erklären, und seine Beobachtungen sind durch moderne Experimente bestätigt worden. Die Eingeweide, schreibt er, wurden mit Weihrauch gereinigt, dann wurde die Körperhöhle mit Harz ausgekleidet und schließlich wurde der Körper mit Salbölen einmassiert. Im Neuen Reich wurde der Bauchraum mit Leinen oder Sägemehl gefüllt, und manchmal wurde die Nase mit einem Knochen verstärkt, damit sie lebensechter wirkte. Damit die Fingernägel nicht abfielen, wurde die Haut an den Fingern aufgeschnitten und über den Fingernägeln zusammengenäht. Später erreichte man dieselbe Wirkung durch das Aufsetzen goldener Kappen auf die Fingerspitzen. Ein Aspekt der Mumifizierung änderte sich im Lauf der Zeit kaum: Während das Herz wieder in den Körper zurückgelegt wurde, warf man das Gehirn, das als nutzlos für die Ewigkeit galt, weg. Nur Mumien aus der Unterschicht, für die die Entfernung des Gehirns vermutlich zu kostspielig war, wurden mit Gehirnmasse gefunden.

Kanopen zur Aufbewahrung der Organe verwendeten die Balsamierer zum ersten Mal im Alten Reich. Im Mittleren Reich hatten die Deckel der Behälter die Form von Menschenköpfen mit den Gesichtszügen des Toten; so konnte *ba* seinen Körper wieder erkennen. Im Neuen Reich glichen die Deckel der vier Urnen den Köpfen der vier Horus-Söhne, die als Wächter der Organe galten.

Nur wenige Quellen enthüllen die heiligen Riten, die den Prozess der Mumifizierung begleiteten. Sicher ist, dass die Leichname systematisch geheiligt wurden und dass das Einbalsamieren eine ebenso symbolische wie praktische Handlung war. Die Balsamierer waren Priester von höchstem Rang, und die Mumifizierung war eines der wichtigsten und differenziertesten Rituale des Priesterberufes.

Anubis, der Herr des Friedhofs und Gott der Einbalsamierer, sitzt auf einem Podest (Grab der Nefertari, Tal der Königinnen)

Unten: Anubis als schakalköpfiger Gott mit Menschenkörper beschützt Nefertari. Die Priester, die den 70-tägigen Ritus der Mumifizierung vollzogen, trugen dabei vermutlich Schakalmasken

Diodorus schrieb, dass die Menschen, die die Schnitte ausführten, nicht beliebt waren, weil sie dem Körper des Toten Gewalt antaten, und dass sie sich nach getaner Arbeit versteckten, um nicht gesteinigt zu werden. Doch heute wissen wir, dass es sich um geachtete Priester handelte, die während der heiligen Handlungen in die Rolle eines Gottes schlüpften. Sie tragen auf Bildern oft Anubismasken. Die Priester vollzogen ihre Riten innerhalb des *per ankh*, eines Reinigungszelts, und trugen den Leichnam feierlich zum *pr-nefer*, dem «schönen Tempel». Ich habe in Giza Anzeichen für das Vorhandensein solcher Balsamierungsorte gefunden.

Unterirdische Lehmziegelgruben wie die Königsgräber der 1. und 2. Dynastie in Abydos sind die früheste Form königlicher Grabanlagen. Mastabas (nach dem arabischen Wort für «Bank») waren die nächst höhere Stufe für Könige, Adelige und hohe Beamte. Darauf folgten bald die Pyramiden, die in der Cheops-Pyramide gipfelten. Auch später baute man gelegentlich Pyramiden über Grabstätten, doch nie wieder so eindrucksvoll wie in der 4. Dynastie. Pyramiden waren selten mit Inschriften ausgestattet, bis Unas aus der 5. Dynastie die «Pyramidentexte», eine Art frühe Version des *Totenbuches*, auf seine Grabwände schreiben ließ. Im Alten und Mittleren Reich wurden die Privatgräber immer komplexere Anlagen mit mehreren Schächten. Die Grabstätten des Neuen Reiches, die hauptsächlich am Westufer des Nils lagen, waren Schächte oder Rampen, die zu unterirdischen Kammern führten. Die Anzahl dieser Kammern reicht von drei – wie bei König Tutenchamun – bis zu hundert und mehr. Sie wurden mit erstaunlicher Präzision in den Fels gehauen.

Ärmere Ägypter nutzten häufig Gräber aus früheren Jahrhunderten oder ließen sich in unterirdischen Lehmziegelgruben in der Nähe ihrer Herrscher bestatten. Die Gräber der Pyramidenbauer in Giza sind dafür ein gutes Beispiel. Privatgräber konnten aber auch Felsspalten, natürliche Höhlen oder Nischen sein, die in die Flanke eines Hügels gegraben wurden. Menschen von nicht königlichem Geblüt wurden weder in teuren Masken noch verzierten Särgen oder großartigen Sarkophagen bestattet, sondern auf ein dünnes Holzbrett gelegt. In der Anfangszeit wurden die Mumien entweder allein oder zusammen mit Familienmitgliedern beigesetzt; in der dritten Zwischenzeit, etwa 500 Jahre vor der griechisch-römischen Epoche, waren die Grabstätten mit unzähligen Särgen belegt.

Die Mumifizierung in griechisch-römischer Zeit Griechisch-römische Friedhöfe gibt es in ganz Ägypten, von Marina el-Alamein im Nordwesten bis Nubien im Süden. Die berühmtesten sind die Katakomben in Alexandria, ähnliche Anlagen entdeckte man aber auch in Achmeim, Saqqara, Tuna el-Jebel, Kom Abu-Bellu, Assuan und zuletzt in Bahariya.

Gegen Ende der Spätzeit war die Mumifizierung, die einst den Ranghöchsten vorbehalten war, jedermann zugänglich, der sie sich leisten konnte. Das bedeutete, dass jede Frau und jeder Mann, unabhängig von Rang und Status, sich einen Platz in der Ewigkeit sichern konnte; das erklärt vermutlich, warum eine solche Vielzahl von Stilrichtungen vertreten ist. Jede Bevölkerungsschicht pflegte andere Praktiken der Mumifizierung, und das mag zum Verlust der Totenriten und Zaubersprüche geführt haben, die einst ein integraler Bestandteil der Mumifizierung waren. Als der kommerzielle Aspekt in den Vordergrund trat, ging allmählich das Wissen um die spirituellen Hintergründe verloren.

Die Mumien aus dieser Zeit wurden nicht mehr mit derselben Sorgfalt einbalsamiert

Eine Wandmalerei aus dem Grab der Königin Nefertari; die Königin wird von den Göttinnen Isis und Nephtys, beide in Falkengestalt, beschützt

wie im alten Ägypten. Anscheinend waren verschiedene Spezialisten, die in Gruppen arbeiteten, für die einzelnen Arbeiten zuständig; die Priester leiteten nicht mehr die gesamte Prozedur. Die Leichname wurden, wenn überhaupt, durch Einläufe entleert und danach einfach mit Harz gefüllt. (Später strich man sogar nur noch geschmolzenes Harz von außen auf den Körper.) Weniger Leinenschichten boten dem Leichnam weniger Schutz, und den Toten wurden kaum noch Kanopen für das ewige Leben mitgegeben. Das lässt darauf schließen, dass das Wissen um die fundamentale symbolische Bedeutung der Mumifizierung allmählich verloren ging. Bis zum zweiten Jahrhundert n. Chr. entfernten die Balsamierer noch das Gehirn, danach hörte auch diese Praxis auf. Die Organe blieben im Körper, die Arme waren entweder über der Brust gekreuzt oder seitlich neben den Körper gelegt.

So sehr die Konservierungstechniken vereinfacht wurden, so vielgestaltig und schmuckvoll wurden gleichzeitig die äußeren Hüllen. Von der ptolemäischen bis zur römischen Zeit wurde die Bandagierungstechnik immer mehr verfeinert. Die Leinenstreifen bildeten immer kunstvollere Muster und wurden manchmal vergoldet. Eine Neuerung im ersten Jahrhundert n. Chr. war die Verwendung von rot gefärbtem Leinen. Wir fanden in Bahariya mehrere Mumien, deren Bandagen noch rote Farbspuren aufwiesen.

Extravagant geschmückte Kartonagehüllen und Masken wurden der Körperform angepasst und wie in der 21. Dynastie bemalt. Die Gesichtszüge waren realitätsgetreu abgebildet, Ohren und Kopf von einer langen Perücke bedeckt, die über Brust und Schultern reichte. Zum ersten Mal wurden Frauenbrüste auf weibliche Mumien gemalt, direkt auf das Leinen oder auf Brustplatten. Die Hüllen zeigen religiöse Szenen, Linien-

Die vier Horus-Söhne, gewöhnlich auf Grabwänden abgebildet, wurden in griechisch-römischer Zeit direkt auf die Kartonagehülle der Mumien gemalt

Mumien mit Vergoldungen und Kartonagehüllen aus dem Tal der goldenen Mumien

muster und Götter wie Anubis, Horus, Isis, Osiris, Nephtys, Maat, Thoth und die vier Söhne des Horus – eine faszinierende Mischung von ägyptischer Mythologie und hellenistischem Malstil. Wie im Neuen Reich waren die Gesichter, vorspringende Körperteile, Brüste und Fingerspitzen häufig mit Gold belegt, und gelegentlich war der gesamte Körper vergoldet. Das kann natürlich nicht billig gewesen sein. Meiner Schätzung nach kostete eine Mumifizierung so viel, wie eine Familie im Jahr verdiente.

Da die Balsamierer jetzt eher Kaufleute als Priester waren, belegte die römische Regierung das Bandagieren und Aufbereiten der Mumien mit immer höheren Steuern. Einzig die Verschiffung der Mumie über den Nil zur Grabstätte wurde nicht besteuert. Die Angehörigen schlossen Verträge mit Bestattungsunternehmern, die sich um die Einzelheiten kümmerten und auch professionelle Trauergäste engagierten, die dem Leichenzug weinend folgten. In manchen Fällen hatten die Balsamierer Angestellte, die für sie die Arbeit erledigten.

Die letzten Steinsarkophage wurden in ptolemäischen Friedhöfen gefunden. Auch anthropoide Särge kamen wieder in Mode, bevor sie in römischer Zeit verschwanden. Wenn später überhaupt Särge verwendet wurden, dann hölzerne, die innen mit ägyptischen Motiven verziert waren. Ab dem ersten Jahrhundert n. Chr. malte man ein realistisches

Fayence-*uschebtis* aus dem Grab des Iuf-aa. Diese Statuetten wurden mit den Mumien bestattet, idealerweise eine für jeden Tag des Jahres, damit sie im Jenseits für den Verstorbenen arbeiten konnten

Porträt des Verstorbenen auf die Stuckmaske, hinter der der Kopf des Toten so hoch gebettet wurde, dass er gerade aufzuwachen schien. Das bekannteste dieser Porträts wurde in der Oase Fayum gefunden, daher der Name «Fayum-Porträt» für diesen Maskentyp. Die außergewöhnlich realistischen Porträts sind auf Holzbretter oder dicke gekrümmte oder runde Gipsplatten gemalt. Die Maler benutzten Mineralfarben oder Wurzeln verschiedenster Pflanzen, die sie mit flüssigem Wachs oder Eiern mischten. Ähnliche Porträts fanden sich in Saqqara, Akhmim, Sheikh Abada in Mittelägypten und in Assuan.

Ich bin von vielen Leuten gefragt worden, ob die goldenen Mumien mit den Fayum-Porträts verglichen werden können. Doch sowohl die Architektur der Gräber als auch die Art der Mumifizierung war eine ganz andere in Bahariya. Vielleicht deshalb, weil Fayum näher am Niltal lag und es sich bei den meisten Fundorten um christliche Grabstätten handelte.

Was wir über die magischen Formeln und Sprüche wissen, die die Balsamierer zu jener Zeit verwendeten, ist uns durch Papyri überliefert, die auf das Ende des ersten Jahrhunderts n. Chr. datiert worden sind. Der berühmte Rhind-Papyrus beschreibt einige der Rituale und Rezitationen, die bei der Mumifizierung eine wichtige Rolle spielten. Offenbar gab es zu jener Zeit 17 wichtige Rituale – die 17 ist eine heilige Zahl, sie ergibt sich, wenn man die sieben Öffnungen am Kopf, zwei Beine, zwei Arme, Vorderseite und Rücken und die vier inneren Organe zusammenzählt. Jeder Körperteil war für die gefährliche Reise ins Paradies wichtig und musste deshalb durch magische Formeln geschützt werden. Während 36 Tagen wurde der Körper im See des Mondgottes Khonsu gebadet, dann wurde er am «Ort der Reinigung» – ein mit Natronsalz gefülltes Becken – zur Ruhe gelegt. Der Kopf wurde mit Weihrauch behandelt, während der Körper mit heiligen Ölen eingerieben wurde, bevor man ihn mit Leinen umwickelte. Jede Bandage trug einen magischen Namen. Im Turiner Papyrus wird erklärt, welcher Körperteil zuerst umwickelt werden musste.

Zwar schrieb Herodot, der Prozess der Mumifizierung dauere 70 Tage, doch man kann annehmen, dass es weniger waren, wenn bestimmte Rituale nicht vollzogen wurden. Griechen und Römer beachteten wahrscheinlich die meisten Rituale, wenn auch in verkürzter Form. Eines der alten Rituale, die beibehalten wurden, war die Mundöffnungszeremonie. Kurz vor der Bestattung berührte der Erbe oder ein Priester mit einer magischen Dechsel das Gesicht und sagte: «Öffne deine Nase, damit du atmest. Öffne die Augen, damit du siehst. Öffne den Mund, damit du essen kannst.» Die oben erwähnten realistischen Mumienporträts mögen noch mit dem altägyptischen Glauben zusammenhängen, dass die Mumie erkennbar sein musste, damit *ba* sie finden und sich mit dem Körper vereinen konnte. In römischer Zeit hingegen wurden keine *uschebtis* mehr ins Grab gelegt, und nur selten stehen Eigennamen in den Gräbern – beides Merkmale, an denen sich *ba* früher orientieren konnte.

In der Tat fehlen in den meisten griechisch-römischen Grabstätten die Namen der Verstorbenen, vielleicht weil nur noch die Priester die alte Schrift kannten. Deshalb entwickelten die Ägypter eine neue Methode, um ihre Angehörigen zu identifizieren: Sie banden an jeden Sarg ein kleines Holzschild mit einer griechischen Aufschrift, die den

Namen des Toten, sein Alter, das Todesdatum, den Namen der Eltern und manchmal den Tag der Bestattung angab. Da die Mumien in Abständen gruppenweise bestattet wurden, war dies vielleicht die einzige Möglichkeit zu erkennen, welche Mumie in welches Massengrab gehörte. Die Identität und der Status bestimmter Individuen können durch besondere Merkmale festgestellt werden. Der Sonnenpriester, zum Beispiel, ist an sieben kronenförmig angeordneten Goldperlen auf der Stirn zu erkennen; bei Soldaten dagegen ist ein gold- und silberfarbener Ledergürtel um den Sarg gemalt. Isis-Priester trugen lange, verzierte Gürtel und große Knoten auf der Brust, und Serapis-Priester lassen sich durch ihre Kronen aus siebenzackigen Sternen identifizieren.

Eine der wichtigsten Änderungen in der Römerzeit war der Brauch, dass die Mumien nicht direkt ins Grab gebracht, sondern auf unbestimmte Zeit in ihren Särgen im Haus aufgestellt wurden, damit sie bei ihrer Familie bleiben konnten und man sich ihrer erinnerte. Bei Festen und besonderen Anlässen wurde die Mumie sogar als Memento mori den Gästen vorgeführt. Wie zu erwarten, waren die Mumien in schlechtem Zustand, nachdem man sie wie Möbelstücke umhergerückt und ausgestellt hatte.

Auch die Bestattungspraxis war zu jener Zeit sehr lax geworden. Die Toten wurden von

Im Grab des Tutenchamun in Luxor (18. Dynastie) ist sein Nachfolger König Ay abgebildet, der an dem jungen König die Mundöffnungszeremonie vollzieht, einen Ritus, der für jede Mumie wichtig war, damit sie im Jenseits leben, atmen, sehen und essen konnte

Die Mumien aus dem Tal der goldenen Mumien lagen in verschiedenen Positionen und nicht, wie in früheren Gräbern, nach Osten ausgerichtet

Zeit zu Zeit in den Häusern eingesammelt und den Friedhöfen angeliefert, wo sie in Massengräbern beigesetzt wurden. Ihre Lage im Grab hatte keinerlei religiöse Bedeutung mehr, ganz anders als in alter Zeit, als die Gesichter der Toten stets nach Osten gewandt waren. Gelegentlich lagen die Verstorbenen sogar zu mehreren in einem Sarg, und der Deckel war mit Gewalt zugedrückt worden, wodurch die Gipshüllen und Schädelknochen zerbrochen waren. In überfüllten Gruppengräbern wie jenen in Bahariya waren Mumien auch ohne schützende Hülle übereinander gestapelt. All diese Faktoren erklären, warum die Mumien aus römischer Zeit so viel schlechter erhalten sind als die erstaunlich lebensecht wirkenden, viel älteren Mumien.

Die schäbige Behandlung der Toten mag am Platzmangel gelegen haben, obwohl das unwahrscheinlich ist, denn in Bahariya fanden wir bis zu 43 Mumien in einem Grab, während die Wüste nach allen Seiten genügend freien Raum bot. Man kann eher vermuten, dass der religiöse Wandel Wirkung zu zeigen begann. Dass die Beisetzung so achtlos vor sich ging, zeigt, dass der Prozess viel von seiner ursprünglichen Bedeutung verloren hatte, die darin bestand, den Körper für das ewige Leben im Paradies in einem guten Zustand zu erhalten.

Wir wissen, dass die Gräber der ptolemäischen Zeit die Grabstätten der dritten Zwischenzeit und der Spätzeit imitierten. Manche glichen Tempeln – wie z.B. das Grab des Petosiris in Tuna el-Jebel, dessen bemalter Innenraum eine bunte Mischung aus ägyptischen und griechischen Kunststilen aufweist. Ein anderes Grab an diesem Ort ähnelt einem Wohnhaus mit Türen und Fenstern. Es gab in der römischen Zeit drei Grabtypen. Ein zylindrischer Schacht war wohl für alle erschwinglich. Familien ließen sich vorzugsweise in rechteckigen Schächten mit Tunneln und davon abzweigenden Kammern bestatten. Beim dritten Typus führt eine Treppe zu einer Hauptkammer voller Nischen, die wie Bänke in die Wände gehauen sind; ein Beispiel dafür sind die Gräber in Rom und Kom el-Shugafa. In Bahariya finden wir alle drei Arten.

Das Wissen aus alter Zeit nahm unter dem Einfluss der Römer und vor allem nach dem Erstarken der christlichen Religion stetig ab, bis die neue Religion die angeblich heidnischen Bräuche ganz verbot. Frühe Christen erklärten, es werde zu viel Wert auf den Körper gelegt und das spirituelle Leben darüber vernachlässigt. Sankt Anton, ein ägyptischer Einsiedler, der zum Symbol des frühchristlichen Mönchtums wurde, ließ sich von seinen Anhängern versprechen, dass sie ihn nicht mumifizieren lassen würden. Die wenigen Mumien, die aus dem vierten bis sechsten Jahrhundert stammen, sind mit Speisesalz statt Natron behandelt und ihre Eingeweide sind im Körper belassen worden. Diese Mumien sind nicht mit dem einst als heilig betrachteten Leinen, sondern anderen Stoffen bedeckt und tragen ihre persönlichen Kleider an Stelle von rituellen Gewändern. Ende des sechsten Jahrhunderts gab es in Ägypten keine Mumifizierung mehr.

Mit Beginn der islamischen Ära wurden die Toten wieder im Stil der prädynastischen Zeit bestattet, denn der muslimische Ritus sieht vor, dass man den Körper schön herrichtet und in weißen Stoff hüllt, ihn danach in eine Grube im trockenen Wüstensand legt und mit Sand und einem großen Stein bedeckt. Eines jedoch ist sicher: Die altägyptische Kultur hat in ihrem Totenkult eine Komplexität erreicht, an die keine andere Kultur heranreicht.

Der Archäologe Tarek el-Awadi untersucht die neu entdeckten Mumien aus Grab 62

Ausgrabungen in der Oase Bahariya

10 Die Römersiedlung von El Haiz

Als der Archäologe Ahmed Fakhri 1940 eine erste oberflächliche Ausgrabung der alten Siedlung El Haiz vornahm, fand er einige Artefakte, unter anderem Truhen und Perlen aus der griechisch-römischen Zeit, Tonscherben und einen leeren Holzsarg. Das interessanteste Objekt war ein kleiner Anubis-Anhänger aus dem Neuen Reich oder der Ptolemäerzeit. Auf der Grundlage der spärlichen Funde folgerte Fakhri: «Zweifellos war die große Oase 150 Kilometer nördlich von El Haiz während des Neuen Reichs ein blühender Ort und wird uns über diese Epoche noch wertvolle Informationen liefern.»

Wie wir gesehen haben, behielt Fakhri Recht. Die Gegend um El Bawiti, die er meinte, war jahrhundertelang ein wichtiger Treffpunkt für Beduinenhändler, Kaufleute, Soldaten und ausländische Siedler, die zwischen den Oasen Bahariya und Farafra lebten. In Bahariya begegneten sich verschiedene Kulturen, und deshalb spiegelt die Ausgrabungsstätte heute die unterschiedliche Herkunft der Menschen wider, die sie besuchten oder sich in der Oase ansiedelten und ihre einzigartigen Spuren und Monumente hinterließen. Die Ausgrabungsstätte ist wahrlich eine Goldgrube für Informationen über das religiöse und soziale Leben vom Altertum bis zur christlichen Zeit.

Was Fakhri nicht vorausahnte, war die Fülle von Erkenntnissen, die El Haiz uns liefern würde. Etwa 47 Kilometer südwestlich von El Bawiti gelegen unterschied sich der Ort, was Brauchtum und ethnische Zusammensetzung betraf, nicht vom Nachbarort, denn die Siedlung profitierte vom zweiten bis zum sechsten Jahrhundert von vier ergiebigen Quellen, und die Menschen kamen, um sich in der fruchtbaren Oase niederzulassen. Fakhri nahm an, dass 1940 weniger Menschen an diesen Quellen lebten als im Altertum, weil die meisten Brunnen wegen des gesunkenen Wasserspiegels aufgegeben worden waren. Die Vegetation ist heute viel karger als früher, und die Dorfbewohner müssen oft weit reisen, um Obst, Gemüse und Getreide zu bekommen.

Zur Zeit besitzt El Haiz keinen Telefonanschluss und nur einen großen Generator, der tagsüber für Strom sorgt; nach 22 Uhr wird er abgestellt. 1982 wurde die Straße nach El Haiz gepflastert, damit die Dorfbewohner ihre Erzeugnisse nicht mehr per Kamel, Esel oder Pferd nach El Bawiti bringen müssen.

In dieser kleinen, abgelegenen Stadt befinden sich zwei wichtige archäologische Ausgrabungsstätten. Die erste liegt bei Ain el-Rees, der größten der vier Quellen, um die herum eine Festung, eine Kirche, ein Palast, einige Friedhöfe und eine Weinkelterei, die gerade erst entdeckt wurde, entstanden waren. Die zweite Stätte liegt bei Ain el-Ezza (*ain*

bedeutet Quelle), wo man die Reste eines kleinen Dorfes fand, daneben Felsengräber und Mumienteile, die Spuren von Plünderungen aufweisen. Auch ein System von Aquädukten scheint es gegeben zu haben.

Seit Jahren interessiere ich mich besonders für Ain el-Rees, weil ich es für eine Römersiedlung halte, und das bedeutet, dieser Ort könnte uns einen Einblick in fast alle Aspekte der ägyptischen Zivilisation gegen Ende der Antike geben. Als ich 1993 hinfuhr, brauchten wir zu zweit fast einen ganzen Tag, nur um die Monumente zu identifizieren. In manchen Gegenden ragten die Spitzen der Gebäude aus dem Sand, aber der Großteil war noch verdeckt. Ich sammelte Tonscherben auf und versuchte zu erkennen, wo welches Bauwerk stand.

Das auffallendste Gebäude in El Haiz ist die römische Festung, die größte, die je in Ägypten gefunden wurde. Zwei ihrer Mauern ragen noch aus einem Sandhügel hervor, von dem aus man das moderne Dorf überblickt. Der Festungsbau besteht aus Lehmziegeln und diente offenbar als Garnison gegen Angriffe aus der Wüste. Ich glaube, dass die Festung nicht nur von Soldaten, sondern auch von den römischen Machthabern bewohnt wurde.

Auf einer anderen Hügelkuppe gegenüber der Garnison fand Fakhri die Reste einer großen koptischen Kirche. Ursprünglich hatte sie zwei Stockwerke, die durch eine Lehmziegeltreppe verbunden waren, und man geht davon aus, dass ihre weiß gekalkten Wände

Die römische Festung in El Haiz, die bisher größte in einer Oase entdeckte Festung

Linke Seite oben: Ein Feigenbaum am Rand von El Haiz mit der römischen Festung im Hintergrund. Die Siedlung um die Quellen von Ain el-Rees war in der Römerzeit wesentlich größer als heute, da die Quellen allmählich austrocknen

Linke Seite unten und Seite 148: Die Römersiedlung von El Haiz bei Sonnenaufgang

Seite 146/147: Kapellen, die dem Alexander-Tempel in römischer Zeit hinzugefügt wurden

Rechte Seite oben und unten: Die Festung, die in römischer Zeit zum Schutz der Oase auf einer Anhöhe aus Sandstein erbaut wurde, beherbergte wahrscheinlich römische Soldaten

Das Innere der koptischen Kirche

Rechts: Eine Treppe in der koptischen Kirche führt vom Narthex zu einer Galerie, von der aus man das Allerheiligste überblickt, das mit Lehmziegeln restauriert wurde, die schon damals als Baumaterial gedient haben

nicht besonders gut erhalten. Am eindrucksvollsten sind noch der Palast des Tutenchamun in El Amarna, der Palast von Ramses II. im Ramesseum, dem Totentempel in Theben-West, und der Palast des Merenptah in Memphis. Die Grabstätten der Pharaonen galten als symbolische Paläste und wurden mit Bildfolgen ausgeschmückt, die das Leben im Palast darstellten.

Am Fuße des Hügels liegt ein großer römischer Friedhof mit Gräbern, die in den Sandstein gehauen sind. Schon bei unserer ersten Begehung entdeckte Mohammed Aiadi drei goldene Amulette. Ein weiterer römischer Friedhof mit Sandsteingräbern liegt etwa fünf Kilometer südlich von Ain el-Rees in der Stadt El Khabra. Wir sind überzeugt, dass die Soldaten, die in der Festung stationiert waren, in den Friedhöfen in der Nähe des Palasts bestattet wurden, während die Grabanlage im Tal der goldenen Mumien den Einwohnern von Bahariya vorbehalten war. Das vielleicht interessanteste Gebäude in El Haiz ist meiner Ansicht nach jedoch die Weinkelterei (s. Kapitel 11).

Unser Ziel ist es, den Palast und den Friedhof von El Haiz vollständig freizulegen. Wir hoffen, dass die Grabungen uns Aufschluss darüber geben werden, wie sich der Übergang zum Christentum in Ägypten gestaltet hat.

11 Die Weinkelterei

Spricht man über Ägypten, denken die meisten Menschen wohl zunächst an Gräber, Tempel und Pyramiden und man stellt sich die Ägypter als ein sehr ernsthaftes Volk vor, das vom Tod besessen war. Wir können uns – anders als bei den Griechen und Römern – kaum vorstellen, dass sie sich Wein und Bier trinkend auf Festen und bei Gelagen vergnügten. Es mag uns deshalb überraschen, dass der Weinstock die wichtigste Kulturpflanze und Wein eine Zeit lang das beliebteste Exportgut des Landes war.

Weinproduktion im Altertum Der Handel mit Wein war weit verbreitet und das Getränk so beliebt, dass es oft in den Pyramidentexten erwähnt und in vielen Tempelszenen dargestellt wurde. Man fand versiegelte Weinbehälter aus der 1. Dynastie (3100–2890 v. Chr.), die noch Flüssigkeit enthielten, und Tonscherben mit Rückständen von Weinstein aus der prädynastischen Periode. Daher wissen wir, dass die Ägypter seit mindestens 5000 Jahren Wein keltern und konsumieren. Nicht nur der Wein, sondern auch die Rauschzustände, in die er die Menschen versetzt, spielten in ihrem Glaubenssystem eine wichtige Rolle.

Die alten Ägypter schrieben dem Wein eine heilende Kraft zu und gaben ihn den Verstorbenen mit auf den Weg, damit diese gestärkt und aufrecht beim Totengericht vor den Göttern erscheinen konnten. Wein galt zudem als Symbol für die Ewigkeit, vielleicht weil die Trauben in manchen Gegenden so reichlich wuchsen und denjenigen, die den ausgepressten Saft tranken, neues Leben spendeten. Die Götter erhielten große, bis zum Rand gefüllte Weinkrüge als Opfergaben, die man heute noch gut erhalten in den Gräbern findet.

Nach einer Legende war der erste Ägypter, der die Weinrebe entdeckte und aus der Frucht Wein herstellte, der Gott Osiris, der in manchen Landstrichen auch als Herr des Weins galt. Ein weniger bekannter Gott wachte über Wein, Öl, Weingärten und den Weingenuss und wurde oft mit anderen Göttern dargestellt, so zum Beispiel mit Bes, dem Gott der Freude, den man auf manchen Abbildungen aus einem großen Weinbehälter trinken sieht. Bei Ritualen im Hathor-Tempel soll Wein gereicht worden sein, weil man glaubte, dass dieser die kuhgestaltige Göttin gnädig stimme. Auch beim Fest der Bastet wurde Wein dargeboten, und die Katzengöttin, so schreibt Herodot, war regelmäßig berauscht. Wein hatte die wichtige Aufgabe, die gefährliche Löwengöttin Sechmet in eine sanftmütige und wohlwollende Gottheit zu verwandeln. Für die Griechen waren natürlich Weinkonsum und ekstatische Zustände mit ihrem Gott Dionysos verbunden, für die Römer dagegen mit Bacchus.

Rechts und rechte Seite oben: Das Sennefer-Grab in Luxor wird «Grab der Weintrauben» genannt, weil darin verschiedene Traubensorten abgebildet sind

Rechte Seite unten: Ein intakter Weinkrug mit dem Gesicht des Gottes Bes, des ägyptischen Gotts des Vergnügens, aus einem Grab im Tal der goldenen Mumien. Weinkrüge gehörten oft zur Grabausstattung; sie dienten als Opfergabe oder als Nahrung im Jenseits

Seite 158: Die Decke im Grab von Sennefer war grob behauen, sodass die gemalten Weinreben herabzuhängen scheinen und an einen Weinberg erinnern

Den Göttern wurde als Teil der Tempelrituale täglich Wein offeriert. Von der 6. Dynastie bis zum Ende der griechisch-römischen Zeit wurden Pharaonen auf Wandgemälden mit großen Krügen, die sie den Göttern anboten, dargestellt. In ptolemäischen Tempeln finden wir Malereien mit liturgischen Gesängen, die darauf hindeuten, dass die Ägypter glaubten, Wein sei ein Lebenselixir für *ka* und könne zur Unsterblichkeit beitragen. In Gräbern wurde meistens das Leben des Verstorbenen künstlerisch dargestellt, und die Szenen weisen oft darauf hin, womit er sich am liebsten beschäftigte. Das thebanische Grab des Djeserkaraseneb enthält beispielsweise die elegante Darstellung eines Banketts mit Gästen, die schon so viel gezecht haben, dass ihnen übel geworden ist.

Auf der Wand des Grabes von Paheri im Weinanbaugebiet Ekkab bittet eine Frau auf einem Fest: «Gebt mir 18 Becher Wein, denn ich will trunken werden; mein Inneres ist wie Stroh.» Djeserkaraseneb und Paheri liebten es offenbar, Feste zu geben, und betrachteten es als Zeichen überschäumender Freude, wenn ihre Gäste dem Wein hemmungslos zusprachen.

Die alten Ägypter ernteten mindestens drei verschiedene Traubensorten – rote, weiße und schwarze (bzw. dunkelviolette) – die sie als Tafelobst aßen, zu Rosinen trockneten und zu Wein weiterverarbeiteten. Die Weinblätter waren nicht nur Bestandteil bestimmter Speisen, sondern wurden auch zum Versiegeln der Weingefäße gebraucht. Trauben im natürlichen und fermentierten Zustand wurden als Heilmittel eingesetzt und waren in Medikamenten enthalten. Weinblätter, die man in Hawara in einer Mumie aus griechisch-römischer Zeit fand, sind heute im Landwirtschaftsmuseum von Kairo ausgestellt.

Das ägyptische Wort für Weinstock, *irp*, bezieht sich auf den Gärungsprozess. Wein war ein so zentrales Element des ägyptischen Lebens, dass jede Region sich ihrer besonderen Sorte rühmte. Fünf Weinsorten, alle aus einem anderen Gebiet stammend,

wurden in den Pyramidentexten gepriesen. Unterägypten produzierte demnach – wahrscheinlich in der Stadt Buto – den besten Wein, *imat* genannt, und auch *snw*, der Wein aus Tell el-Farma, hatte einen guten Ruf. Andere beliebte Weinsorten stammten aus Bahbeit, El Hagara in Unterägypten, Tell Defna, Abusir und Mariut; Letzterer war dem Gott Osiris geweiht. Auch Memphis, die Hauptstadt des Alten Reichs, war für ihren Wein berühmt.

Der Große Papyrus Harris berichtet, dass die Bauern im Gebiet der westlichen Oasen gut für ihre Reben sorgten und dass auch Quft, Ekkab, Elephantine und Nubien Wein produzierten. In der 6. Dynastie und der ersten Zwischenzeit (ca. 2345 – 2055 v. Chr.) wird zum ersten Mal ein Wein aus dem Süden erwähnt, und im Neuen Reich schätzte man besonders die Weine aus Oberägypten und Nubien. In einem Papyrus aus dem dritten Jahrhundert n. Chr. schreibt der römische Historiker Plinius, dem Getränk würden auch Granatäpfel beigemischt. Er erwähnt darüber hinaus drei Spezialweine, auf die in alten Grabtexten hingewiesen wird.

Die verschiedenen Stadien der Weinbereitung sind nicht nur auf Tempelwänden dokumentiert, auch in den Weinkeltereien, die vor allem in Unterägypten erst kürzlich freigelegt wurden, lassen sich die Schritte nachvollziehen. Eine Szenenfolge aus früher Zeit lässt auf einen recht einfachen Prozess schließen: Zuerst wurden die Trauben gelesen und in Körben an einen Ort getragen, an dem sie sortiert und gewaschen wurden. Weinbauern zerstampften die Trauben mit den nackten Füßen, und der Saft wurde zur Gärung in Bottiche abgefüllt. Im Neuen Reich war dieser Vorgang etwas komplexer geworden. Statt in Körben wurden die Trauben in Becken mit Abfluss gesammelt. Das Zerquetschen der Trauben geschah nicht mehr mit den Füßen, und man verlegte diese Arbeit auf den Abend, damit die Sonne die Flüssigkeit nicht zum Verdunsten brachte.

Archäologen fanden viele alte Weinkeltereien in der Nähe von Alexandria, einer Region, die für ihren Weinexport besonders bekannt war. Keltereien aus Abu-Mina, Kom Truga und der Stadt Marina gehen auf die späte Römer- bzw. frühe Byzantinerzeit zurück. Dort fanden sich zwei verschiedene Typen von Weinpressen. Eine ist eine kleine, tragbare Wanne, in der die Trauben zerquetscht wurden; durch einen seitlichen Abfluss ließ sich der Saft in kleinere Gefäße abfüllen. Die andere Presse sieht aus wie ein mit Gips verkleidetes Fass; in ihm konnte der Traubensaft gären, ohne durch die Wände zu sickern. Die Kelterei in Abu-Mina besitzt ein gut erhaltenes Exemplar des zweiten Typs mit einem Holzdeckel; der Wein konnte zum Gären an Ort und Stelle bleiben und musste nicht transportiert werden. In Kom Truga haben die Räume, in denen die Trauben ausgepresst wurden, vollständig versiegelte Gewölbedecken, durch die Staub und andere Verunreinigungen abgehalten werden sollten. Die Decke regulierte auch die Temperatur.

In Marina entdeckten Forscher eine Weinpresse, bei der von zwei Becken aus schnabelförmige Abflüsse in ein drittes Becken führten, in dem zwei Sorten Saft gemischt werden konnten. Vielleicht sollte so eine neue Weinsorte kreiert werden. Eine andere Kelterei war noch raffinierter angelegt. In jede Ecke des Beckens war eine Art Bank in Form eines Viertelkreises eingepasst, auf der die Weinkrüge nach dem Abfüllen gelagert

Eine Szene aus dem Grab des Nakht in Luxor (18. Dynastie) zeigt drei Stadien der Weinbereitung: Die Trauben werden gesammelt, mit nackten Füßen zerstampft und in Becken abgefüllt

wurden. Die Haut der Trauben sowie die Kerne wurden in kleinen Löchern im Fußboden aufgefangen. Die Griechen und Römer experimentierten in Ägypten gerne mit Zutaten, um den Geschmack der Weinprodukte zu variieren und zu verfeinern. Durch den Zusatz von Eiweiß erhielt man einen sehr klaren Weißwein; wenn man den Traubensaft während des Gärens erwärmte, wurde er reiner und blieb viel länger haltbar. Hefe machte den Wein klarer und heller. Auch Seewasser, Blüten oder einheimische Kräuter verliehen dem Wein besondere Geschmacks- und Geruchsvarianten. Die griechischen Weine waren relativ süß; ihren unverwechselbaren Geschmack bekamen sie durch das Harz, mit dem die Deckel versiegelt wurden.

Die beliebtesten Weine der Römerzeit kamen aus den Oasen Kharga und Dakhla, aber der Weinbau spielte in allen Oasen eine große Rolle. In Bahariya gediehen seit alter Zeit rote und weiße Traubensorten, aus denen Wein gekeltert wurde. Bekannt war auch der süße Dattelwein. Sogar im entfernten El Amarna, Echnatons Regierungssitz, fanden sich Siegel von Weinkrügen aus Bahariya, und auf Wandreliefs in verschiedenen Teilen Ägyptens wurden Weine aus dieser Oase dargestellt. Die Einwohner selbst profitierten enorm vom Tauschhandel und vom Export. Wein war ihr wichtigstes Handelsgut und einer der Gründe für ihren Wohlstand, doch sie verschmähten ihn auch selbst durchaus nicht. Durch den Wein wurde Bahariya zu einem der bedeutendsten Handelsplätze und zum Anziehungspunkt für Ausländer, die sich in den Dörfern der Oase niederließen.

Die römischen Oasenbewohner waren so anspruchsvoll, dass sie zwischen Weinen der ersten und der zweiten Lese eines Jahrgangs unterschieden; sie wurden separat abgefüllt und gekennzeichnet. Der beste Wein wurde aus frisch gelesenen Trauben gewonnen, deren Saft in großen Behältern zum Gären gelassen wurde. Den Trauben der zweiten Lese wurde

Wasser zugesetzt, dann drückte man sie durch eine Presse mit einem hölzernen Deckel. Der Wein der Armen, die dritte Weinsorte, war eine Mischung aus Wasser und Saft aus den Rückständen bereits ausgepresster Trauben. Die Weinbauern von Bahariya ließen ihren Wein in wachsversiegelten Krügen mindestens noch sechs Monate stehen, manchmal auch drei oder vier Jahre. Wenn er jedoch länger lagerte, wurde er zu Essig. Neue Weine wurden immer im Februar beim traditionellen Weinfest geöffnet und beim Einschenken durch ein Tuch gefiltert.

Wegen ihrer hohen Qualität waren Weine aus Bahariya im Neuen Reich ein besonders gern gesehenes Geschenk. In griechisch-römischer Zeit gehörten sie zu den beliebtesten Weinen Ägyptens. Siegel und Stempel mit dem Namen *irp n wht*, was «Wein aus der Oase» bedeutet, wurden sogar auf Weinkrügen in Tell el-Amarna entdeckt. Wie wir schon gesehen haben, wurde das Wort *DjesDjes*, das eigentlich den Wein von Bahariya bezeichnet, mit der Zeit ein Synonym für die Region selbst.

Die Weinkelterei in El Haiz Bei unseren Arbeiten in El Haiz stießen wir auf eine alte Kelterei westlich der römischen Festung in der Nähe der Palastgrenze, die etwa 1988 von einem Inspektor der Zentralverwaltung für antike Funde entdeckt wurde. Sie stammt aus der Römerzeit und lieferte vermutlich den größten Teil ihres Weins an den Palast und die Festung. Ich halte dieses Bauwerk für eine der wichtigsten Entdeckungen in Bahariya, denn es ist die erste Kelterei, die in dieser Gegend gefunden wurde. Ich hoffe, dass wir bei den Ausgrabungen herausfinden werden, ob der Ruhm, den die Oase für ihre Erzeugnisse beanspruchte, gerechtfertigt war.

Der Grundriss dieses einzigartigen Gebäudes ähnelt dem eines römischen Bads oder einer islamischen Badeanstalt, wie man sie heute noch in Kairo findet. Tatsächlich könnte man annehmen, dass es einmal ein Badehaus gewesen ist, dessen Becken mit Wasser verschiedener Temperaturen gefüllt waren, denn in der Gegend gab es mit Sicherheit heiße Quellen. Die vielen zerbrochenen Weinkrüge und die zahllosen Traubenkerne jedoch sprechen für eine andere Funktion. Wir haben fast alle Teile der Kelterei freigelegt, mit Ausnahme der Westseite, die nicht zuletzt durch Unachtsamkeiten bei einer früheren Ausgrabung zerstört wurde. Der Bau besteht aus Lehmziegeln auf einem Fundament aus Sandstein. Die Wände waren früher mit einer dicken Gipsschicht verkleidet, die teilweise

Linke Seite oben: Der Autor in der teilweise freigelegten Weinkelterei in El Haiz. Im vorderen Raum wurde der Traubensaft aufgefangen, bevor er gegoren wurde

Linke Seite unten: Alte Traubenkerne und Tonscherben aus den Räumen der Weinkelterei in El Haiz. Die Substanz im Boden der Weinkrüge ist entweder getrockneter Wein oder Harz, das zum Versiegeln benutzt wurde

Unten: Der Autor und seine Inspektoren vor der Kelterei; die Wände waren mit Gips verkleidet, damit der Saft nicht durch den Lehm sickern konnte

Der größte Raum der Kelterei diente zum Sammeln und Waschen der Trauben, die dann zum Auspressen in einen anderen Raum gebracht wurden

noch vorhanden ist; der Gips verhinderte vermutlich, dass der Traubensaft während der Gärung in der Hitze verdunstete. Im größten Raum wurden wahrscheinlich die Trauben gesammelt und gewaschen. Danach trennten die Weinbauern die guten Trauben nach Sorten und brachten sie in verschiedene Räume zur Weiterverarbeitung.

Der erste Raum hat eine Größe von etwa 3 Meter 50 im Quadrat, ist 7 Meter 80 hoch und hat 63 Zentimeter dicke Wände. In der Mitte befindet sich eine Vertiefung, in der die Trauben vermutlich ausgepresst wurden und von der aus der Saft über den abschüssigen Fußboden zu einem Loch in der Wand rann. Durch eine schmale Rinne floss er dann in ein Sammelbecken weiter. Eine halbrunde Bank in der Ecke des Raumes diente möglicherweise zur Aufbewahrung der Wein- und Saftbehälter. Wir vermuten, dass der Traubensaft durch eine Reihe von Abflussrohren und Rinnen in drei verschiedene Becken geleitet wurde und dass die so entstandenen Mischungen dann zu mehreren Weinsorten weiterverarbeitet wurden. Ein zweites Sammelbecken liegt noch unter dem Sand vergraben, aber man erkennt auch in ihm eine Art Ablagebank. Ein drittes Becken ganz in der Nähe der beiden ersten enthält die Asche verbrannter Pflanzen, was uns vermuten lässt, dass bei dieser Weinsorte der Gärungsprozess durch Erhitzen beschleunigt wurde.

Dattelwein Ein weiteres Produkt, für das Bahariya bekannt war, ist der außergewöhnlich süße Dattelwein, der aus einer einheimischen Dattelart hergestellt wurde, die sich zum Gären eignete. Die frisch gepflückten Datteln wurden mit Hefe in Wasser angesetzt, dann ausgepresst und in versiegelten Krügen vergoren. Dattelpalmen verliehen allen, in deren Privatgärten sie wuchsen, hohes Ansehen und sie stehen noch heute in vielen Dorfgärten in El Bawiti. Sie werten nicht nur das Haus auf, sondern es heißt auch, dass die Palmen von Bahariya beruhigende Substanzen enthalten.

Auf einer Wandmalerei aus dem Grab des Ba-Shedu in Deir el-Medina (Neues Reich) betet der Verstorbene vor der heiligen, Frucht tragenden Dattelpalme, die den Göttinnen Isis und Hathor zugeordnet ist

Unten links: Dattelernte auf einem Bauernhof in El Bawiti

Unten rechts: Ein Junge reitet durch einen Palmenhain. Datteln sind immer noch das wichtigste landwirtschaftliche Erzeugnis der Oase Bahariya

Aus vielen Überlieferungen wissen wir, wie untrennbar die Dattelpalme mit dem täglichen Leben der westlichen Oasen verbunden war. Überreste von Dattelpalmen aus der Steinzeit fanden sich in der Oase Kharga, und Mumien, die dort bestattet wurden, waren in Matten eingewickelt, die aus Palmwedeln geflochten waren. Auch heute noch steckt man in Ägypten Palmblätter als Gabe in die Gräber von Angehörigen. Es gab verschiedene Arten essbarer Datteln, aber nur einige eigneten sich zur Herstellung des süßen Weins, der in großen Mengen ins Niltal exportiert wurde.

12 Der Tempel des Bes

Im Juli 1988 kam ein Einwohner von El Bawiti zur Zentralverwaltung für antike Funde in Bahariya und brachte ein Stück Basalt mit, in das eine Kartusche von Echnaton eingeritzt war. Es ist das einzige Artefakt, das von diesem Pharao in Bahariya gefunden wurde. Er galt allgemein als «Ketzerkönig», weil er den Polytheismus zugunsten des einen Gottes Aton abschaffte. Das ägyptische Recht verlangt, dass alle antiken Gegenstände aufbewahrt werden müssen und nicht weiterverkauft werden dürfen und dass alle, die sie abliefern, eine Belohnung erhalten. In diesem Fall führte uns der glückliche Finder zu einem kleinen Ruinenhügel zwischen den Häusern von El Bawiti, wo der Stein im Staub gelegen hatte. Im folgenden Monat begann Ashri Shaker dort systematisch zu graben und entdeckte einen einzigartigen alten Tempel, den bisher einzigen, der Bes geweiht ist, dem Gott der Freude und Sexualität, des Tanzes, des Weins, der Musik und Schutzherrn der Mütter und Kinder.

Der Tempel musste in frühchristlicher Zeit teilweise zerstört worden sein. Die Stelle war nur noch ein Trümmerhaufen und diente den Einheimischen als Vorratsgrube für Tafla, den kalkhaltigen Ton, aus dem sie Backsteine herstellen. Der Tempelbau stammt aus der Ptolemäerzeit, aber die Fundobjekte beweisen, dass er bis ins vierte Jahrhundert n. Chr. aufgesucht wurde. In ihm verehrte man Bes als Gott der Trauben und des Dattelweins.

Dieser Gott ist ein gutes Beispiel dafür, wie sich die religiöse Ikonografie von einer Dynastie zur nächsten wandelte. Der Bes-Kult verbreitete sich zwar im Neuen Reich, aber seine Wurzeln gehen zurück bis ins Alte Reich; damals erschien Bes auf Bildern, die mit Fruchtbarkeit, Beschneidungs- und Ernteritualen in Verbindung standen. In dieser Zeit wurde Bes recht simpel dargestellt, mit leicht gebeugten Beinen und Schlangen, die er hoch über seinen Kopf hält. Im Mittleren Reich wurde er dann zum Hüter des Hauses, der Kinder und jungen Mütter. In dieser Manifestation half er der Flusspferd-Göttin Taweret bei der rituellen Geburtshilfe. Bes' Aufgaben wurden immer vielfältiger, und so wurde er auch verantwortlich für Freude, Sexualität und Vergnügen. Er wurde auch oft als Zwerg dargestellt, der die Trommel oder das Tamburin schlägt, die Flöte spielt und tanzt. In der Spätzeit und der griechisch-römischen Ära erhielt Bes einen drohenden Gestus, indem er Messer und Schwerter schwingt – ein Hinweis darauf, dass sein Wirkungsbereich sich auf den Krieg gegen böse Mächte erweitert hat. Anfänglich wurden die körperlichen Merkmale des Bes auch für mindestens zehn weitere Götter verwendet, unter anderen für Aha, Amam, Hayet, Ihty, Mefdjet, Menew, Segen, Soped und Tetetenu, aber mit den Jahrhunderten wurden sie alle in Bes inkorporiert.

Ein schmaler Durchgang zwischen den Häusern in El Bawiti, ähnlich jenem, in dem ein Dorfbewohner das Basaltfragment fand, das zur Entdeckung des Bes-Tempels führte

Unten: Grundriss des Bes-Tempels

Seite 168: Die bislang größte Bes-Statue Ägyptens ist 1 Meter 20 hoch und besteht aus bemaltem Sandstein; der Gott wird als nackter Zwerg mit Löwenkopf und Federkrone dargestellt

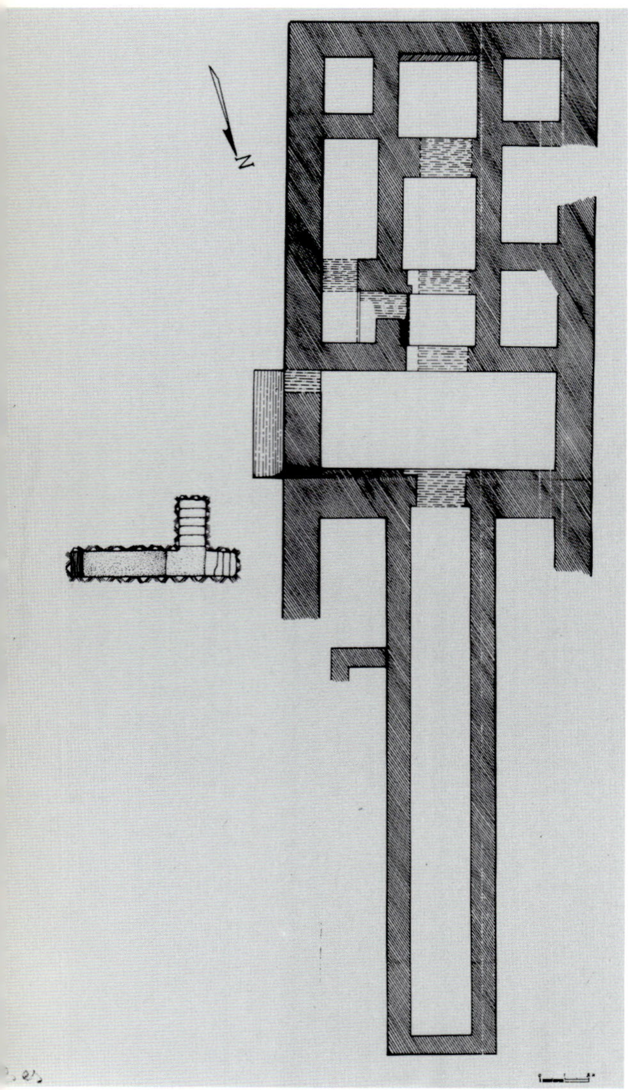

Das Furcht erregende Bild des Bes auf Amuletten und magischen Messern (symbolische Waffen mit Götterfiguren und mythischen Tieren) ist ein Beweis für seine Popularität in der 18. Dynastie. Zu dieser Zeit erscheint Bes auf einem Fries im Palast des Königs Amenhotep III. in Malkata, auf Hauswänden in den Arbeiterdörfern von El Amarna und in Deir el-Medina in Luxor. In griechisch-römischer Zeit wurde Bes vor allem in den *mammisi*, den Geburtshäusern, dargestellt.

Auf Grund seiner Besonderheiten war lange umstritten, ob Bes der ägyptischen Imagination entsprungen oder aus einer anderen Kultur importiert worden war. Erstens zeigt er nicht das gleichmütige Profil und die idealisierten Gesichtszüge aller anderen ägyptischen Götter, sondern wurde frontal mit fast verzerrten Zügen dargestellt. Im Gegensatz zu den anderen, schlanken Göttern wurde Bes als würdelose, untersetzte Figur mit krummen Beinen, Löwenohren und -mähne gezeigt, und normalerweise war er nackt, bis auf einen Federschmuck, der aufgetürmt auf seinem Kopf saß. In einigen Inschriften erscheint er als Herr von Punt, einem Territorium südlich von Ägypten an der afrikanischen Küste. Einige Archäologen führen diese Tatsache auf eine Expedition zurück, die Harkhuf, Gouverneur von Assuan, während der 6. Dynastie unternommen hat. Auf den Wänden von Harkhufs Grab steht geschrieben, dass er aus Punt und den südlichen Ländern einen Pygmäen für Pepi II. mitbrachte. Schon 2200 v. Chr. kannten demnach die Ägypter die Pygmäen Zentralafrikas und es ist möglich, dass Bes' gedrungener Körperbau auf diese Kenntnis zurückzuführen ist.

Andererseits könnten der Federschmuck, die vollen Lippen und die breite, flache Nase aber auch auf einen Nubier hindeuten, doch das ist wenig wahrscheinlich. Zudem

Die Überreste des Bes-Tempels. Bes war der Gott der Freude, des Weins, der Fruchtbarkeit und Geburt und vor allem in der griechisch-römischen Zeit sehr beliebt

Unten: Der Hauptkorridor führt zum Heiligtum und zu den Kapellen des Bes-Tempels, der als einziger Tempel in ganz Ägypten diesem Gott geweiht ist

existierte eine frühe Version des Löwenmannes schon im Alten Reich, lange vor der Einflussnahme fremder Kulturen. Heute hält man deshalb Bes für einen Gott rein ägyptischer Herkunft.

In der griechisch-römischen Zeit war, wie wir gesehen haben, Bahariya ein wichtiger Militärposten und ein bedeutendes Weinbaugebiet. Vor allem Letzteres erklärt den Bau eines Bes-Tempels in diesem Gebiet. Es gibt Hinweise, dass der Gott auch an anderen Orten der Oase verehrt wurde. Bei den Ausgrabungen in Ain el-Muftella in der Nähe von El Qasr zum Beispiel fand Ahmed Fakhri vier zerstörte Kapellen; in der dritten Kapelle zierten überlebensgroße Bes-Reliefs die Wände (s. Kapitel 14). Bei unseren Arbeiten am

Einer der Räume im Heiligtum, in dem Archäologen die Bes-Statue (unten links) freilegten

Bes-Tempel fanden wir kürzlich die größte bisher bekannte Statue des Gottes sowie viele Wandgemälde.

Der Grundriss und die Bauweise des Bes-Tempels ähneln denen anderer griechisch-römischer Tempel in Ägypten, bei denen sich die Bauherren eher des ägyptischen als des römischen Stils bedienten. Das Material besteht aus Lehmziegeln, die auf einem Fundament aus Kalksteinblöcken aufgebaut wurden. Das Gebäude ist fast 20 x 14 Meter groß und liegt an der Nord-Süd-Achse; ein Zuweg oder eine Rampe, die sehr wahrscheinlich von Sphingen gesäumt war, führte zum Nordeingang. In einer langen, ebenen Halle mit Stuckboden, dem Andachtsraum, lag eine Bes-Statue in drei Teile zerbrochen vor ihrem Sockel. In den Kupfergefäßen, die auf dem Boden lagen, wurden vielleicht einmal Weihrauch und andere Opfergaben dargebracht. Eine kleine Tür führte von der Halle über eine kurze Rampe zu einem Wasserschacht, dessen Wasser vermutlich zu Heilzwecken genutzt wurde.

Diese Bes-Statue ist eine der besterhaltenen, die je gefunden wurden, und zweifellos die größte. Sie ist ungefähr 1 Meter 20 hoch und zeigt deutliche körperliche Merkmale, an denen man noch Spuren der ursprünglichen Bemalung erkennt. Die Darstellung ist typisch für die Ptolemäerzeit. Bes ist mehr Zwerg als Löwenwesen, hat kurze, stämmige Beine, runde Schultern und einen vorgewölbten Bauch; er trägt nur einen Gürtel, der den Bauch stützt, und etwas, das wie ein Affenfell aussieht, auf dem Rücken. Seine Löwennatur zeigt sich noch im Gesicht, an den Ohren und der Mähne, aber die Pranken, die an Schultern und Hüften zu sehen sind, und der Schwanz, der zu Boden hängt, gehören eindeutig zu dem Affenfell. Bes trägt einen Kopfschmuck aus Federn, die mit einem Band zusammengehalten werden. Das Gesicht ist deutlich erkennbar: große Augen, eine flache Nase und ein weit geöffneter Mund mit zwölf Zähnen und einer herausgestreckten Zunge. Sein gekräuselter Bart ähnelt einer Löwenmähne und auf der Brust trägt er ein

Apis-Amulett. Das Haar am Hinterkopf sieht aus wie ein zusammengeknotetes Taschentuch. Die Hände ruhen auf den Oberschenkeln, die so geöffnet sind, dass man den Penis sieht.

Hinter der Halle für die Gläubigen lagen Privaträume für das Tempelpersonal oder die Priester sowie ein großes Heiligtum. Dies sind jedoch Anbauten aus dem Ende der Römerzeit; damals wurden die zwei Haupthallen hinter der öffentlichen Halle in neun kleinere Räume unterteilt. Die Sphinx-Statuen entlang des Zuwegs, ein typisches Kennzeichen für Tempel aus dem Neuen Reich und danach, scheinen absichtlich zerstört worden zu sein, vermutlich damit die Anhänger des Bes zum Christentum übertraten.

In den Tempelräumen lagen diverse Artefakte, darunter eine Fayence-*uschebti* in Gestalt einer Person mit engem Gewand und dem falschen Kinnbart der Pharaonen. Die Hände sind über der Brust gekreuzt und die geschlossene Faust hält ein Werkzeug in Form einer Hieroglyphe, die «Pyramide» bedeutet; ihr Schreibstil ist typisch für die römisch-griechische Zeit. Ein weiteres Amulett aus rotem Kupfer zeigt eine sitzende Katze; eine Miniaturstatuette des Horus beweist, dass diesem wichtigen Gott auch noch unter griechischer und römischer Besatzung gehuldigt wurde. Als Brettspiel benutzte man eine Sandsteinscheibe, in die konzentrische Kreise eingeritzt waren und die mehrere Mulden hatte, in denen die Spielsteine umherbewegt werden konnten. Daneben fanden wir einen Würfel mit den Zahlen eins bis sechs. Zwei Kupferschalen, eine davon mit Pflanzen dekoriert, enthielten vermutlich Wein oder Öl, und ein anderes Kupfergefäß mit kuhförmigen Beinen mochte als Weihrauchfässchen gedient haben. Eine Schüssel aus roter Tonerde aus dem Niltal lässt sich auf das dritte oder vierte Jahrhundert n. Chr. datieren.

Die Rückenansicht des Gottes mit Affenfell
Unten: Kopf des Bes im Detail

13 Der Tempel des Herkules

An einem Oktobertag des Jahres 1996 fand ein Inspektor der Zentralverwaltung für antike Funde in der Wüste südlich der Stadt El Bawiti einige Tonscherben und Steinfragmente. Er zeigte sie Ashri Shaker, der wiederum mich informierte. Kurz danach konnten wir in Bahariya mit den Grabungen beginnen. Von Januar bis Ende Juni 1997 legte ein kleines Team die Bruchstücke eines römischen Tempels frei, doch es war noch nicht festzustellen, wem er geweiht war. Die wichtigste Entdeckung waren 27 Stelen (beschriftete Steinplatten), die verstreut auf dem Tempelboden lagen; alle trugen Inschriften in hieratischem und demotischem Ägyptisch wie auch in Griechisch. Es ist das erste Mal, dass so viele mehrsprachig beschriftete Stelen in einer Oase gefunden wurden. Für ein besseres Verständnis der Bedeutung des Tempels brauchte ich einen Griechisch-Spezialisten, und so bat ich Dr. Frederic Colin vom Französischen Institut für Archäologie, mir bei der Übersetzung zu helfen, und setzte dann in der Wintersaison 1999 mit meinem Team die Grabungsarbeiten fort.

Allem Anschein nach führte eine Straße von Süden her zum Tempeleingang. Wir wissen nicht, wie das Tempeltor aussah, aber es muss sehr groß gewesen sein, denn die beiden Lehmziegelmauern, die den Eingang auf Sandsteinfundamenten umrahmen, stehen fast drei Meter auseinander. Der Tempel selbst ist fast vollständig zerstört, doch die Ruinen vermitteln uns eine gute Vorstellung davon, wie er vor fast 2000 Jahren ausgesehen hat. Von der Straße aus erreichten die Tempelbesucher über ein paar Stufen von Süden her den Eingang einer langen, rechteckigen Halle, die vor dem heiligen Bereich lag. Diesen durften nur Priester betreten, und zwar über eine kleine Treppe im Nordwesten. Eine Mauer aus Lehmziegeln aus der Römerzeit umgab den gesamten Tempel, gestützt von Blöcken, auf denen wahrscheinlich Sphingen standen. Die Außenmauer war vermutlich mit einer dicken Gipsschicht verkleidet, die man heute noch an den Wänden des Heiligtums sehen kann. Die Römer bauten später zu beiden Seiten des Heiligtums weitere Kapellen an.

Die Reste der leicht gekrümmten Außenmauer sind im Westen mit Stufen verbunden. Auf drei kleineren Mauern, die nach Westen abzweigen, könnten als Zierde Statuen von Göttinnen gestanden haben. Das Heiligtum ist in drei Kapellen unterteilt, die wir A, B und C genannt haben. Die mittlere und zugleich größte Kapelle B enthielt alle Beweise, die wir brauchten, um zu erkennen, dass dieser Tempel dem Herkules geweiht war. Wie Achilles und andere griechische Helden wurde auch Herakles (von den Römern Herkules genannt) als göttergleiche Gestalt verehrt. Der Herkules-Kult war besonders in Ägypten sehr verbreitet, und der Grieche galt als Symbol für Macht und als wichtiger Verbündeter in Kriegszeiten.

Grundriss des Herkules-Tempels

Unten: Die Lehmziegelmauer im Heiligtum ist noch mit Gips verkleidet

Seite 174: Die Überreste des Herkules-Tempels, der vor 2000 Jahren unter griechischer Herrschaft auf einem Sandsteinfundament errichtet wurde

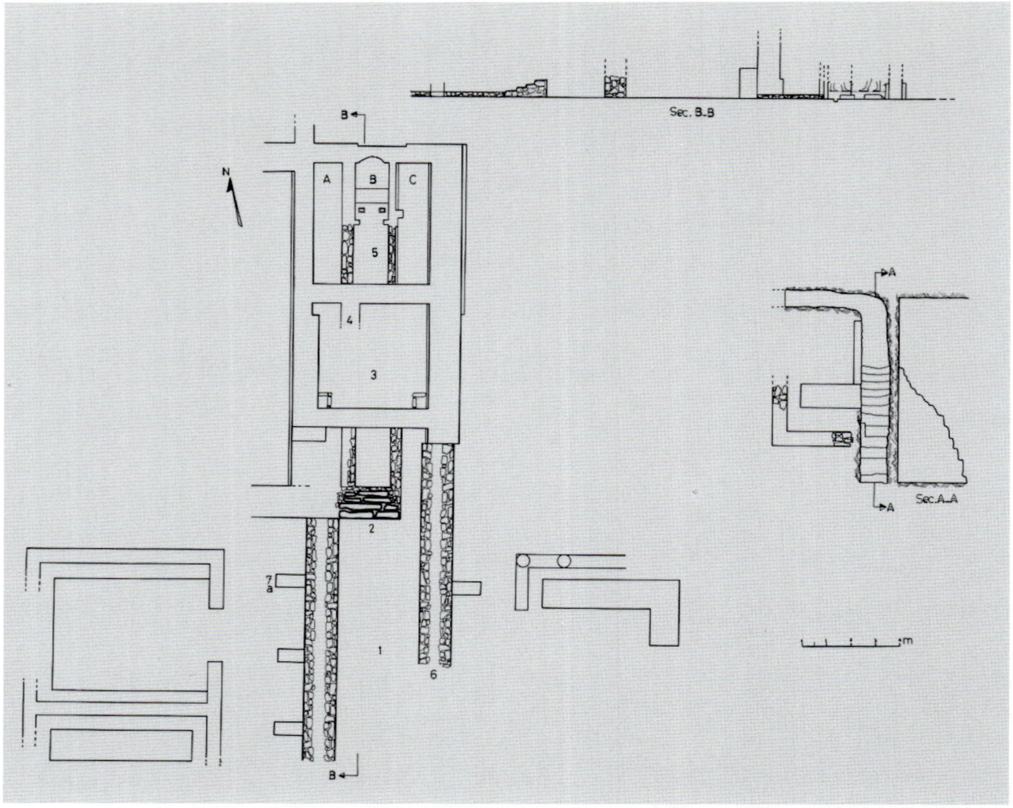

Viereckige Vertiefungen im Felsboden der Kapelle B deuten darauf hin, dass eine Holztür als Haupteingang diente. Der weiße Gipsbelag am Eingang ist viel dicker als bei den anderen Kapellen, was vermuten lässt, dass in der Mittelkapelle der wichtigsten Gottheit gehuldigt worden ist. Zwei hohe Blöcke, die den Eingang zum Heiligtum bilden, sowie eine griechische Inschrift auf darunter platzierten Sandstein-Stelen zeigen, wie viel Sorgfalt auf den Bau verwendet worden ist. An den Innenwänden der Hauptkapelle sieht man noch im Basrelief die Beine und Füße eines Kaisers, wahrscheinlich Octavian Augustus, der den Bau des Tempels anordnete. Der Figur zugewandt, erkennt man zwei dunkelrot bemalte Beinpaare. Einer der Männer muss Herkules gewesen sein, dem der König Gaben darbrachte, der andere vermutlich eine ägyptische Gottheit. Kapelle B hatte anscheinend eine Gewölbedecke, die anderen beiden Kapellen die üblichen flachen Decken. Kapelle C im Osten ist etwas kleiner als die anderen. In Kapelle A fanden sich Überreste eines Ofens, der noch Asche enthielt und auf dem vielleicht frische Opfergaben zubereitet worden waren. Die vielen getrockneten Dattelkerne neben dem Ofen gehörten wohl zu diesen Gaben, die Herkules gnädig stimmen sollten.

Später erhielt der Tempel aus praktischen Erwägungen noch weitere Räume. Ein rechteckiger Raum nahe der Westmauer ist als Gesamtes nicht mehr zu retten, aber er enthält eine gut erkennbare kleinere Kammer, die möglicherweise eine Art Wasserspeicher war. Im Osten diente ein separates Gebäude mit zwei gipsverkleideten Säulen vor dem Eingang als Wohnsitz des Obersten Priesters. Etwa zwei Kilometer südwestlich liegt ein Felsengrab mit griechischen Inschriften.

Die 27 Sandsteinstelen lagen umgestürzt am Boden des Heiligtums, manche vor einem Loch in der Mauer, das durch einen Sabotageakt der Christen entstanden sein dürfte. Davor waren diese Stelen an den Innenwänden befestigt gewesen, wie jene, die der fran-

Ein Mitarbeiter des Teams, Aiman Wahbi, deutet auf die Vertiefungen im Boden des Herkules-Tempels, in denen eine Tür befestigt war, die als Eingang zu Kapelle B diente; diese enthielt Reliefs des Herkules, der in Ägypten in griechisch-römischer Zeit verehrt wurde

Unten: Ein Mitglied des Ausgrabungsteams arbeitet im Allerheiligsten des Herkules-Tempels. In der Umgebung entdeckten wir Stelen mit griechischen Inschriften

Eine der Sandsteinstelen aus dem Herkules-Tempel mit griechischer Beschriftung

zösische Archäologe Auguste Mariette 1851 im Serapeum in Saqqara fand. Auf den Stelen in El Haiz standen Gebete, griechischen und ägyptischen Göttern gewidmet, unter anderen Amun, dem griechischen Gegenstück zu Herkules, Pantheos, Ra, Horus, Khonsu, Apollo und Hermes. Da die Stelen stark beschädigt sind und sich nicht komplett entziffern lassen, wissen wir nicht, ob diese Liste vollständig ist.

Soweit lesbar, wurden die Inschriften von Dr. Colin aus dem Griechischen übersetzt. Sie lauten:

Ich, Gorgias, Sohn des Dionysos, kam zum hilfreichen Herakles, nachdem ich einen Wunsch geäußert hatte.
Ich [...], Sohn des Demetrios, Schreiber, kam zu allen Göttern und zu Herakles. Auch im Namen von Ptolemas und Tiphon.
Glück und Segen. Im Jahre 18, am 17. des Tybi, kam ich, Didymos, Sohn des Herakleites, Enkel des Kephales, zu Herakles und allen Göttern, nachdem ich einen Wunsch geäußert hatte.
Im 19. Jahr, am 2. Tybi, kam ich, Thessalos, Sohn des Herakleites, zum Pantheos, nachdem ich einen Wunsch geäußert hatte.
Amun und Herakles, dem Gott, der Gebete erhört, widmet Petechon, Sohn von Hippalos, dem Libyer, diese Inschrift für Agathokles und für seine Mutter Eutychia.
Petechonsis, Sohn des Petobastis [...] Chonsis, dem größten Gott, nachdem ich einen Wunsch geäußert hatte.
Im Jahre [...] am 17. Tybi, kam Apollonios, Sohn des Artemidoros, zu Pantheos.
[...] im Jahre [...] am 6. Tybi, kam ich, Artemidoros, Sohn des Apollonios, zu [...]
Ich [...] , Sohn des Didymos, kam zu den Göttern, die hier leben, nachdem ich einen Wunsch geäußert hatte.
Im 22., am 10. Phaophi, ließ Chonsis seine Inschrift für die größten Götter anfertigen.
Ich, Pachos, Sohn des Pachos, kam zu dem hilfreichen Amun und [...]
Im 21. Jahr, am 20. Tybi, ließ ich, Petechon, Sohn des Hippalos, diese Inschrift für mich und für meinen Vater und für meine Mutter anbringen.
Rachte, Thailloi
Ich, Didymos, Sohn des Hermokles.
Der Name NN steht hier vor [...] und vor Amun, und den Göttern, die hier leben.
Amun Ra'Hor und Khonsu, der große Gott, Herr von DjesDjes, mögen sie den Propheten Leben verleihen [...] Sohn des Propheten Anch-hor und der [...]
Ptollis, Sohn des Ammonios, brachte diese Inschrift an.
Für Apollon, Herm...
[...] kam ich zu allen Göttern, Ptolemaios.
Am 9. Tag des Pachon kam ich, Ptollis, Sohn des Aristodelos, zu den Göttern, die hier leben.
[...] nachdem ich einen Wunsch äußerte. Petobastis, Sohn von Heribastet und Tati, hat geschrieben.

[...] im 10. Jahr, dem 20. Kaisereion.

Worte von Khonsu.

Ich kam zu den Göttern, die hier leben, nachdem ich einen Wunsch geäußert hatte.

Eine Inschrift ist unlesbar und die demotischen Schriftzeichen wurden noch nicht übersetzt, aber wir nehmen an, dass der Text mit dem griechischen identisch ist.

Als sich die Griechen in der 26. Dynastie in Ägypten niederließen, bauten sie Tempel, die speziellen Ortsgottheiten geweiht waren. Sie übernahmen zwar die existierenden ägyptischen Götter, verehrten aber in ihrer Gestalt griechische Götter und Göttinnen. So behielten sie das Bildnis des Amun, hatten dabei aber Zeus im Sinn und vereinten beide zu Amun-Zeus. Demeter wurde als Isis und Hathor verehrt. Sie gaben ägyptischen Göttern griechische Namen, aber auch umgekehrt. Herkules erschien häufig mit seinem ägyptischen Namen Hry shef, dies bedeutet Herr der Wüste und Beschützer der Grenzen. Hry shef wird in der Nekropolis von Ihnasya el-Medinah im Fayum als widderköpfige Figur dargestellt. Nachdem Herkules für die Bewohner der Stadt der wichtigste Held und Halbgott geworden war, nannten sie sie Herakleopolis Magna, Stadt des Herkules. In der Oase Siwa wurde er als Hry shef verehrt, in der Oase Bahariya dagegen unter seinem griechischen Namen. Herodot schrieb, dass der Mondgott Khonsu, Sohn des Amun, in Ägypten auch als Herakles bekannt war, und bezeichnete ihn als «Herakles-Khonsu». Eines Tages erschien Amun Herodot in einem Traum mit Widderkopf, was bedeutete, dass auch er mit Herakles assoziiert wurde. Dies sind einige der unzähligen Beispiele dafür, wie sich griechische und ägyptische Götter vermischt haben.

Die Artefakte im Herkules-Tempel zeigen eine ganze Reihe von Göttern. Eine Statue von Thoth in Paviangestalt war auseinander gebrochen und wurde restauriert. Thoth sitzt auf einem Stuhl, die Hände auf die Beine gelegt; schwarze Farbreste liegen auf den Augen und dem Mund, und die Hälfte des Schwanzes ist noch vorhanden. Der Künstler gab sich

Die Bronzekrone der Hathor, Göttin der Liebe und Schönheit, wird oft mit Hörnern abgebildet, die die Sonnenscheibe halten. Dieses Fragment einer Votivfigur stammt aus dem Herkules-Tempel

Unten: Diese Sandsteinstatuette eines Löwen aus dem Herkules-Tempel ähnelt den Sphinx-Figuren aus dem alten Ägypten

große Mühe, die Extremitäten detailliert zu gestalten. Ebenfalls im Tempel fand sich eine kleine Statuette der kuhköpfigen Hathor und ein in Stein gemeißelter Horus.

An einer 30 Zentimeter großen Statue von Herkules lassen sich die stilistischen Unterschiede bei der Darstellung griechischer und ägyptischer Götter gut demonstrieren. Die lebensechte Nachbildung des Kopfes lässt ein kräftiges Kinn und dicke Haare erkennen; man fühlt sich an den hellenistischen Stil erinnert, in dem Alexander der Große oft abgebildet wurde. Das linke Ohr schaut aus dem dichten Haarschopf hervor, das rechte ist verdeckt. Die griechischen Bildhauer hielten sich nicht mehr an die Ästhetik der Symmetrie und legten auch keinen übermäßigen Wert auf das Gleichgewicht der Dinge. Dafür hatten sie ein Auge für Details und persönlichen Ausdruck, was man an dem angedeuteten Lächeln, an den Augen und der Nase erkennt, die so ganz anders wirken als bei dem starr blickenden ägyptischen Thoth.

Der Stierkopf aus Terrakotta, der im Tempel lag, stellt vermutlich Apis dar. Ebenfalls gefunden wurden eine Tonlampe, ein Pferdekopf aus Terrakotta und ein eigenartig geformter und verzierter Tonbehälter. Wir halten ihn für ein Weingefäß, obwohl die Machart völlig ungewöhnlich ist. Es besteht aus einer Röhre, die sich kreisförmig schließt, und oben sind vier Löcher zu erkennen, durch die vermutlich der Wein eingeschenkt wurde. Dekoriert ist das Gefäß mit Punkten (vielleicht Traubenkerne) und einer nackten griechischen Gottheit, die wie Dionysos aussieht.

Den Inschriften nach zu urteilen, die wir auf den Artefakten im Heiligtum fanden, stammt der Tempel aus dem Jahr 21 v. Chr., der Regierungszeit von Octavian Augustus, und war bis ins zweite Jahrhundert n. Chr. in Gebrauch. Er scheint in christlicher Zeit absichtlich beschädigt worden zu sein. Seine Architektur und die Stelen machen diesen außergewöhnlichen Tempel zu einer wahren Fundgrube für Archäologen. Wir sind überzeugt, dass uns dieser Tempel noch viele wertvolle Informationen über die Interaktion der ägyptischen, griechischen und römischen Religionen und Herrschaftsformen während dieser Zeitspanne liefern wird.

Die Epigrafin Noha Abdul Hafiz entziffert die wenigen erhaltenen Inschriften auf der Wand des Herkules-Tempels

Linke Seite: Zwei Bronzestatuetten aus dem Tempel – Osiris als Mumie mit gekreuzten Armen und die griechische Göttin Aphrodite mit der Hathor-Krone – sind ein gutes Beispiel dafür, wie sich griechische und ägyptische Gottheiten vermischt haben

14 Andere Tempel und Grabstätten in Bahariya

Die Oase Bahariya, die im Altertum weit über ihre heutigen Grenzen hinaus besiedelt war, beherbergt mehrere Ausgrabungsstätten, die verstreut in der Wüste liegen und unterschiedlich weit freigelegt sind. Einige sind erst seit kurzem für die Öffentlichkeit zugänglich, bei anderen wird gerade erst mit den Grabungen begonnen, und ein paar wenige sind noch gänzlich unberührt. Das erste Monument, auf das ich eingehen will, ist das älteste, das je in Bahariya entdeckt wurde; es stammt etwa aus dem Jahr 1295 v. Chr. Ebenfalls bereits freigelegt sind zwei Gräber und ein Tempel, die auf die 26. Dynastie datiert wurden. Das fünfte Bauwerk schließlich ist ein griechischer Alexander-Tempel, der einzige seiner Art in ganz Ägypten.

Das Grab des Amenhotep Huy In der Ausgrabungsstätte von Garet-Helwa, fast drei Kilometer südlich von El Qasr, liegt das Grab des Amenhotep Huy, der im Neuen Reich als Gouverneur die Oase verwaltete. George Steindorff hat es 1900 entdeckt. Es ist das älteste Grab, das man bislang in Bahariya fand, und wurde auf Ende der 18. oder Beginn der 19. Dynastie datiert. Die Könige der 12. Dynastie interessierten sich, wie wir erfahren haben, aus strategischen Gründen für die Oase, und es ist sehr gut möglich, dass die Region um die alte Hauptstadt noch reichhaltige archäologische Funde bereithält.

Das aufwändig dekorierte Grab lässt erkennen, dass Amenhotep Huy ein geachteter und mächtiger Mann war. Das Grab liegt an einem Steilhang, von dem aus man die moderne Stadt El Bawiti sieht, und besteht aus einer Eingangshalle mit zwei Säulen und einem zweiten, von vier Säulen gestützten Raum, in dessen Wände drei kleinere Grabkammern eingelassen sind. Zwei dieser Kammern sind wiederum in je zwei winzige Räume unterteilt. Diese Architektur erinnert an die Grabanlagen im Niltal aus der Zeit des Neuen Reichs.

Die Reliefs treten nicht hervor, sondern sind vertieft und im traditionell ägyptischen Stil koloriert. Die Szenen in der Eingangshalle stellen den Verstorbenen bei Beschäftigungen dar, die ihm zu Lebzeiten am liebsten waren. Festlich gedeckte Tische quellen über von Blumen, Brot, Obst und Kuchen; Diener lesen Trauben, füllen Weinkrüge und tragen Getreidesäcke herbei. Amenhotep Huy und seine Frau Ourly, die neben ihm beigesetzt ist, huldigen Min, dem Gott der Fruchtbarkeit. Sämtliche Säulen sind längst auseinander gebrochen, und ihr einstiger Standort ist nur noch an den rechteckigen Fundamenten zu erkennen. Der Hauptraum ist mit Alltagsszenen ausgeschmückt, unter anderem beten Amenhotep Huy und seine Frau vor Osiris und Khonsu. Der Sand hatte die Farben

Das Grab des Gouverneurs Amenhotep Huy vom Ende der 18. Dynastie. Es ist das bislang älteste Grab in Bahariya

Rechts: Vertiefte Reliefs in Amenhoteps Grab zeigen den Verstorbenen vor einem Unterweltgott, der in seiner Kapelle sitzt und mit einem magischen Messer den Toten beschützt

Unten: Zwei zusätzliche Kammern wurden im Grab des Amenhotep Huy in beschriftete Wände gehauen; dort fanden sich Mumien aus römischer Zeit

Seite 182: Die Lehmziegelmauern um den Alexander-Tempel müssen noch vollständig freigelegt werden

jahrtausendelang frisch gehalten, aber seit Steindorffs Beschreibung haben sie offensichtlich sehr gelitten. Die meisten Reliefs des Verstorbenen, aber auch weitere kultische Szenen sind mangels Konservierung leider verloren gegangen.

Glücklicherweise sind die wichtigsten Malereien in den Grabkammern noch erkennbar. Man sieht den Gouverneur von Bahariya mit einem Stab, der seine Autorität unterstreicht; er trägt zwei Säcke mit unbekanntem Inhalt. Getreidekörbe werden gefüllt, wahrscheinlich um ins Niltal geschickt zu werden, und die Keramikgefäße über dem Kopf des Gouverneurs, die früher mit Inschriften versehen waren, sind von der Art, wie sie für Bier und Wein benutzt wurden. Wir wissen, dass in Bahariya Bier gebraut wurde, wahrscheinlich wurde das Brauen von den Niltalbewohnern eingeführt, die zur Zeit der Pharaonen wahre Meister der Bierbrauerei waren. Die Hieroglyphe *henkt* auf der Abbildung bezieht sich auf das Bier oder auch auf die Gerste, die man dafür brauchte, deshalb können wir annehmen, dass die Säcke, die Amenhotep Huy trägt, Gerste enthielten.

Während der zweiten Ausgrabung im Jahre 1999 inspizierte mein Team die Umgebung und fand ein weiteres großes Grab mit etwa zehn rechteckigen Säulen und den Überresten mehrerer herrlicher Wandgemälde. Es existieren keine Schriftzeichen mit dem Namen des Verstorbenen, aber ich halte dieses Grab für älter als das des Amenhotep Huy. Seine Grabkammern enthielten aber auch Keramikgefäße aus der Spätzeit und der Römerzeit. Ganz in der Nähe des Grabes fanden wir drei Kapellen, die zu einem ansehnlichen Tempel gehören könnten und in naher Zukunft ganz freigelegt werden sollen.

Das Grab des Zed-Amun-efankh Bahariya erlebte in der 26. Dynastie, also kurz vor der Machtübernahme der Perser, einen erstaunlichen wirtschaftlichen und politischen Aufschwung; man könnte die Regierungszeit Ahmoses II. (570–526 v. Chr.) fast als goldenes Zeitalter bezeichnen. Bisher haben wir drei Gräber wieder geöffnet, die diesen Wohlstand spiegeln. Ich hoffe, dass wir nicht nur weitere goldene Mumien aus der griechisch-römischen Periode entdecken, sondern durch das Studium von Bauten aus früheren Zeiten mehr über die Umverteilung der Macht in Ägypten erfahren werden. Aus diesem Grund beschreibe ich im Folgenden die Monumente so, wie sie heute aussehen, und ergänze meine Schilderung durch Fakhris ältere Notizen. Wenn wir etwas über die Lebensbedingungen in der Oase kurz vor dem Beginn der Fremdherrschaft erfahren, können wir vielleicht die Prozesse besser nachvollziehen, die zum Niedergang der ägyptischen Kultur führten.

Das Grab des Zed-Amun-efankh, eine Kammer am Ende eines in den Felsen gehauenen Schachts östlich von El Bawiti, ist insofern ungewöhnlich, als es ursprünglich ein einzelner Raum mit vier runden Säulen und sieben Scheintüren gewesen war. (Andere Gräber dieser Periode haben rechteckige Säulen und eine separate Grabkammer.) Die Decke war mit zwölf Geiern, dem Symbol der Göttin Nechbet, bemalt, die von fünf- und sechszackigen Sternen umgeben waren. Das Grab war schon im Altertum und dann noch einmal im 20. Jahrhundert geplündert worden, wobei mehrere Mumien, Perlen und Amulette verschwanden. Doch auch ohne diese verborgenen Schätze enthält das Grab eine Fülle

Die Grabkammer des angesehenen und wohlhabenden Zed-Amun-efankh aus der Oase Bahariya. Er wurde, was ungewöhnlich ist, in dieser Säulenhalle bestattet

Rechts: Ein Diener bringt die Grabausstattung für das Jenseits, während andere den Verstorbenen preisen (Grab des Zed-Amun-efankh)

wertvoller Informationen für uns Archäologen. So trägt Zed-Amun-efankh in den Grabinschriften keinen offiziellen Titel, war demnach also weder Regierungsbeamter noch Priester. Doch die Grabanlage, die Wandgemälde und die Umsicht, mit der die Erbauer für seine Sicherheit und Ungestörtheit gesorgt haben, bezeugen, dass er ein sehr mächtiger Mann gewesen sein muss. In der Regierungszeit Ahmoses II., als Bahariya große Mengen Wein exportierte und eine wichtige Station an den Handelsstraßen zwischen dem südlichen Afrika, Ägypten und dem Mittelmeerraum war, bot sich den Oasenbewohnern die Gelegenheit, relativ schnell reich zu werden. Die Kaufleute wurden zur einflussreichsten Berufsgruppe der Oase, ebenso mächtig wie die Priester, wenn nicht mächtiger. Wir halten deshalb Zed-Amun-efankh für einen Kaufmann oder Landbesitzer, denn nur Angehörige dieser Klassen konnten sich ein solches Grab leisten, ohne ein öffentliches Amt oder ein Priesteramt zu bekleiden. Offensichtlich waren es nicht mehr nur die Edlen oder Frommen, die ein «Haus der Ewigkeit» bekamen, sondern vielmehr die Reichen, die es sich leisten konnten, die Bauarbeiter und das Material zu bezahlen. Durch Szenen und Schriftzeichen, die zuvor den Gottkönigen vorbehalten waren, ließen sich in der Spätzeit auch die Reichen verewigen.

An der Nordwand, rechts des Eingangs, sieht man die vier Horus-Söhne sowie die Inschrift «Eine Opfergabe, die der König darbringt [...], dem *ka* des Geehrten unter dem Großen Gott, dem Osiris Zed-Amun-efankh, Sohn von Weben-i'ah, dem Wahrhaftigen. Der Geehrte, sein Sohn, welcher hinter ihm steht.» Auf dem Bild bringt ein Priester roten Leinenstoff, mit dem Zed-Amun-efankh vermutlich mumifiziert wurde, ganz so, als gehöre er zur königlichen Familie. Zwei Horus-Söhne, Euwamutef und Qebehsenuef, laufen mit Messern herbei und «vertreiben die Bösen».

Überall im Grab wird Osiris, der König der Unterwelt, als Herr des Westens, des Ostens und von Abydos angerufen. Interessanterweise erscheinen auch häufig Abbilder von Thoth, dem Gott der Weisheit, der auch mit dem Mond assoziiert wurde, und die Hieroglyphen für den Namen des Verstorbenen enthalten oft das Symbol für «Mond». Merkmale wie diese stützen die Annahme, dass der Mondgottheit in der Oase ein besonderer Kult gewidmet war.

Ebenfalls auf der Nordwand des Grabes erkennt man alle vier Horus-Söhne und daneben einen Mann, der ein Holzkästchen darbietet. Von der Wandbemalung auf der Westwand sind nur noch vier Männer und Frauen übrig, die ihre Hände wie zu einer rituellen Geste erheben. Zed-Amun-efankhs Ehefrau steht dabei. Sie trägt einen Fransenschal, der nicht ganz dem ägyptischen Stil entspricht, sie könnte also eine Ausländerin gewesen sein.

Der Name des Verstorbenen steht auf den Gesimsen sämtlicher Scheintüren. Sechs der Türen wurden in der römischen Periode durchbrochen, damit weitere Grabkammern

Links: In der griechisch-römischen Zeit wurden Nischen als zusätzliche Grabkammern hinter den Scheintüren angelegt. Wandmalereien mit den vier Horus-Söhnen sind teilweise zerstört

Unten: Der falkenköpfige Gott Duamutef, einer der vier Horus-Söhne, hält ein Messer zum Schutz des Verstorbenen in der Unterwelt

angefügt werden konnten. Die Arbeiter haben darauf geachtet, keine Inschriften zu beschädigen, und ließen dadurch erkennen, dass sie den Geist des Verstorbenen respektierten oder sich vielleicht auch vor möglichen Konsequenzen fürchteten. Da zu jener Zeit die Ägypter die Wände nicht mehr beschrifteten oder dekorierten, erkennt man hier die grobe Steinmetzarbeit der Handwerker.

Das Grab des Bannantiu Bannantiu ist ein ungewöhnlicher Name und bedeutet «die Seele jener, die nicht haben». Bannantiu, ein Sohn des Zed-Amun-efankh, der vermutlich denselben Beruf ausübte wie sein Vater, muss jedoch sehr wohlbegütert gewesen sein, denn sein Grab, das neben dem seines Vaters liegt, ist noch größer und noch reichhaltiger ausgestattet als jenes. Ein quadratischer Schacht führt vertikal etwa sechs Meter tief in den Sandstein hinein und mündet in einen Raum, der wie eine römische Basilika konstruiert ist. Zwei Säulenreihen gliedern die längliche Halle in drei gleiche Teile. Drei kleinere Grabkammern zweigen von der Halle ab. Als Fakhri das Grab entdeckte, waren die Wandgemälde in hervorragendem Zustand, aber heute sind auf Grund von Erosion und Witterungseinflüssen nur noch einzelne Teile zu erkennen. Die Farben allerdings haben ihre Leuchtkraft behalten. Nun wird das Grab zum ersten Mal gründlich konserviert.

Wenn man die Grabstätte über eine kürzlich installierte Metalltreppe betritt, sieht man gleich rechts vom Eingang ein Bild des Bannantiu, der mit rasiertem Kopf hinter Anubis steht, welcher ihn Amun und Horus vorstellt. Amun erscheint als Kamutef, «Stier der Mutter (des Amun)». Als Namen des Toten hat der Künstler Bannantiu-Zed-efankh

Seite 188 oben und 189: Im Grab des Bannantiu, Sohn des Zed-Amun-efankh, folgen dem Verstorbenen verschiedene Götter und Göttinnen, die ihn Osiris vorstellen

Seite 188 unten: Der Erdgott Geb mit Zepter, ihm folgt die Himmelsgöttin Nut, auf einer der rechteckigen Säulen im Grab Bannantius

geschrieben, doch anscheinend hat er einen Fehler gemacht und «Amun» vergessen, denn es müsste eigentlich Bannantiu-Zed-Amun-efankh heißen.

Vor dem schakalköpfigen Anubis befinden sich drei Zeilen Hieroglyphen mit dem Namen des Gottes und seinem Titel; übersetzt heißt das: «Worte, gesprochen von Anubis, dem Herrn der Grabanlage, großer Gott von Hetret» (*hetret* ist ein Ort im Himmel). Amun lehnt an einer Säule, die wie eine Palme geformt ist, und hält einen Stab, der mit drei Tierfellen umwickelt ist. Vor dem Gott stehen die Schriftzeichen: «Worte, gesprochen von Amun-Ra, dem Stier seiner Mutter.» Neben Horus sind sechs Götterstatuen auf heiligen Säulen abgebildet, unter anderen der Schakalgott Wepwawet, der das Tor zur Unterwelt öffnet. Da er zur lokalen Prominenz gehörte, wird Bannantiu von den wichtigsten Gottheiten ins Jenseits geleitet.

Die Sonnenbarke bringt den Verstorbenen in die Unterwelt. Nefer-tem, der Gott des Morgens, sitzt als Kind im Bug der Barke und hat als Zeichen für die immer währende Erneuerung den Finger in den Mund gelegt

Auf dem Fest des Nefer-tem, das auf der Westmauer wiedergegeben ist, erkennt man auf Podesten sechs Symbole von niederen Göttern, unter anderem das des Mondgottes Khonsu. Zwei trauernde Göttinnen, Isis und Nephtys, stehen zu beiden Seiten des Mumifizierungstisches, während Anubis ein Gefäß über das Gesicht des Toten hält. Unter dem Tisch stehen vier Kanopen und das Zeichen für «Himmel». Der mumifizierte Bannantiu hält die Symbole für seine Wiedergeburt. Auf der anderen Seite des Eingangs sieht man Osiris als lebenden König mit seiner Frau und Schwester Isis, die in der rechten Hand das Zeichen des Lebens und in der linken das *ankh* präsentiert. Auf den Säulen erkennt man Szenen mit Geb, dem Gott der Erde, und Nut, der Göttin des Himmels.

Die Südwand zeigt Shu, den Gott der Luft und des Sonnenlichts, der die Sonnenscheibe hoch hebt; in deren Mitte legt Khonsu einen Finger seiner linken Hand in den Mund, in der Rechten hält er ein Zepter, das die Wiedergeburt symbolisiert. Die acht Götter aus dem Schöpfungsmythos von Ashmunein (ein Ort in Mittelägypten) erscheinen mit Schlangen- und Froschköpfen. Der Eingang zur Grabkammer ist von Szenen umrahmt, die die «Stunden des Dwat» (*dwat* bezieht sich auf die Unterwelt) aus dem *Totenbuch* darstellen sowie das Nachtschiff des Sonnengottes, die Sonnenbarke, die den Verstorbenen durch die Unterwelt befördert. Im Bug sitzt der Gott Nefer-tem, der Sohn des Sonnengottes Aton, mit einem Finger im Mund. Mit dieser Geste repräsentiert er

Bannantiu als Kind, das in ein neues Leben eingeht. In der anderen Hand hält Nefer-tem zwei Zepter als Symbole für Macht und Wiedergeburt. Mit in der Barke sitzen Horachty und Sechmet sowie ein Pavian mit einer Opfergabe. Hinter der Sonnenscheibe sieht man Heka, den Gott des Zaubers. Drei Schakale ziehen die Sonnenbarke an Seilen vorwärts. Ein Gemälde auf der Nordwand zeigt den Verstorbenen, wie er Horus huldigt, während die Götter Khepri und Hka und die Göttin Sechmet zusehen. Über ihnen schwebt die Sonnenscheibe, auf der Aton mit einer Doppelkrone abgebildet ist.

Der nördliche und der südliche Raum, die beide von der Halle abzweigen, wurden nie vollendet. Man benutzte sie offenbar später wieder, denn sie enthalten zwei Sarkophage aus der Römerzeit. Der westliche Raum – die ursprüngliche Grabkammer – enthält wunderbare Malereien auf einer Schicht poliertem Gips. Die beiden wichtigsten Szenen zeigen Bannantiu vor dem Totengericht, nachdem ihm das ewige Leben zugesagt worden ist. Sein Status als Familienoberhaupt beschied ihm eine wohlwollende Behandlung und den Zugang zum Jenseits, auch wenn er auf religiösem oder politischem Gebiet keine Verdienste aufzuweisen hatte.

Osiris sitzt in mumifizierter Gestalt auf dem Gerichtsthron vor einem Gabentisch, auf dem unter anderem Speisen und Weihrauch liegen. Anwesend sind außerdem Isis, Thoth, Horus, Seth und Taweret; sie beobachten, wie Bannantius Herz gegen die Feder der Maat abgewogen wird. Im nächsten Bild nimmt Osiris Bannantiu zur Reise in die Unterwelt in Empfang; hier sind Isis, Hathor, Anubis, Horus, Nephtys und ein weiterer Anubis die Zeugen. An den Szenen selbst ist nichts Ungewöhnliches; auffällig ist nur die Tatsache,

Die farbigen Wandgemälde in der Säulenhalle und der Grabkammer des Bannantiu-Grabes wurden kürzlich restauriert und konserviert

Bannantiu steht mit erhobener Hand neben dem Sonnengott Ra in der Mitte des Bildes, während die Löwengöttin Sechmet auf der Sonnenbarke durch die Nacht in die Unterwelt reist

dass ein Kaufmann sich eine solche Vorzugsbehandlung durch die Götter erwerben konnte.

Ahmed Fakhri, der die Szenen etwas anders interpretierte, hat festgestellt, dass die Verehrung des Mondgottes in Bahariya und anderen Oasen einen hohen Stellenwert besaß, da der Mondzyklus – und nicht der Wasserstand des Nils – den Bewohnern half, den Ablauf der Zeit zu verstehen. Da es die Sonne praktisch unmöglich machte, tagsüber unterwegs zu sein, mussten sie sich bei ihren nächtlichen Wanderungen vorwiegend auf das fahle Licht und die Position des Mondes verlassen. Es ist nur verständlich, dass nicht die Sonne, die in der scheinbar endlosen Wüste eher eine Bedrohung darstellt, sondern der Mond in Bahariya zum Symbol des Lebens wurde.

Fakhri schrieb, dass die Bedeutung einiger Götter zwar während gewisser Perioden und in verschiedenen Regionen abnahm, die Götter später dann aber wieder höher geschätzt wurden. Khonsu beispielsweise, einer der frühesten ägyptischen Götter, dessen Bild bereits in der 1. Dynastie neben den Abbildungen des Pharaos auf Tempelwänden auftauchte, wurde im Neuen Reich und in der Spätzeit mit Totenritualen in Bahariya wieder in Zusammenhang gebracht. Dasselbe gilt für Mert, die Göttin der Überschwemmung, vielleicht weil sie mit Wasser assoziiert wurde – für die Oasenbewohner eine Sache auf Leben und Tod. Ebenfalls aus einer viel früheren Periode stammt die Pavian-Gottheit in der Szene mit den acht Göttern aus Ashmunein (Fakhri verwendet den griechischen Namen Hermopolis), die auch in den Gräbern von Ped-Ashtar und Thaty (s. Kapitel 15) in Erscheinung tritt. Ha, der Gott der westlichen Wüste, wird zuerst in den *Pyramidentexten* erwähnt, danach nur noch selten in Grabstätten des Alten Reichs und im *Totenbuch*; in den Gräbern der Oase und im Tempel von Ain el-Muftella ist er wieder einer der Hauptgötter.

Der Tempel von Ain el-Muftella Die Monumente von Ain el-Muftella entstanden in der Umgebung einer Quelle nahe der alten Hauptstadt El Qasr. Vielleicht diente der Tempel sogar als Stadtmittelpunkt. Wie Fakhri 1939 feststellte, bestand der Tempel aus vier separaten Kapellen, deshalb nannte er das Monument auch die Kapellen von Ain el-Muftella. Als wir jedoch das Bauwerk 1977 untersuchten, erkannten wir, dass es sich nicht um einzelne Kapellen, sondern um ein zusammenhängendes Tempelgebäude handelt. Möglicherweise wurden einige Teile des Tempels und der Nebengebäude bereits im Neuen Reich errichtet, in der 26. Dynastie renoviert, von den Griechen erweitert und schließlich viel später von den Römern vollendet.

Zumindest einige Teile dieses Tempels wurden in der 26. Dynastie von dem Hohepriester Zed-Khonsu-efankh erbaut. Sein Bruder, Sheben-Khonsu, war Gouverneur der Stadt, die bis in die römische Zeit florierte. Zed-Khonsu-efankh war der Nachfolger seines Bruders und fügte den Kapellen noch eine weitere hinzu. Fakhri hatte nach seinen Ausgrabungen die Stätte wieder mit Sand bedeckt, um sie vor Schaden zu bewahren. Wir stellten sie in ihrer Gesamtstruktur wieder her und konservierten die noch erhaltenen Wandmalereien, damit Besucher wie Archäologen ihre Schönheit bewundern können.

Den Mittelpunkt des Gebäudes bilden vier Steinkapellen mit Basreliefs, die farbig ausgemalt sind. Ähnliche Szenen finden sich in oberägyptischen Tempeln aus jener Zeit. Die erste Kapelle besteht aus zwei großen Hallen mit Gewölbedecken, die mit einem geometrischen Muster aus gekreuzten Linien dekoriert sind. Den beiden Hallen ist je ein kleinerer Raum seitlich angefügt. Die meisten Reliefs porträtieren Ahmose II. mit der

Die größte Kapelle in Ain el-Muftella, die von Ahmose II. in der 26. Dynastie errichtet wurde, erhält eine schützende Holzdecke

Gut erhaltene Reliefs von Göttern und Göttinnen in der Kapelle in Ain el-Muftella. Die Inschriften wurden während der Konservierung mit alten Sandsteinblöcken abgedeckt

Unten: Opferszene mit König Ahmose II. aus einer Kapelle in Ain el-Muftella

Krone Ober- und Unterägyptens neben seinem Gouverneur Zed-Khonsu-efankh. Die beiden Männer verehren die Götter Mahesa, Bastet, Amun, Mut, Khonsu, Harsaphis, Hathor, Thoth, Nehem-awa, Amun mit Widderkopf, Anubis und Isis. Manchmal steht noch Sheben-Khonsu neben seinem Bruder, und in einigen Fällen gesellt sich der Gott Ha zu der Prozession. Nehem-awa als Begleiterin von Thoth nimmt einen wichtigen Platz im Kult der Oase ein.

In den Szenen am Seiteneingang zeigt sich Pharao Ahmose II. mit dem *ankh* in der rechten Hand. Neben ihm erscheinen Taweret, Horus mit Krone und Sonnenscheibe und Hathor. Dahinter sieht man ein Kind, das den Finger in den Mund steckt, daneben einen nackten Gott und eine Göttin, deren Namen nicht genannt werden, sowie die Göttin Maat mit ihrer Feder. Alle Figuren sind den Göttern Montu, Horus und Sechmet, der Löwengöttin, zugewandt. In dieser Kapelle fanden sich einige Artefakte, unter anderem eine Statue der Göttin Bastet, das steinerne Emblem eines Hathor-Kopfes, eine Königsstatuette, eine Nachbildung des Thoth und Scherben einer Bronzevase.

Zed-Khonsu-efankh baute auch die zweite Kapelle, und er ist abgebildet, wie er mit rasiertem Kopf zu Osiris betet und einer Reihe von Göttern Gaben darbringt (ebenfalls zu erkennen ist Seshat, die Göttin des Schreibens). Neben ihm stehen sein Bruder, der Gouverneur, und Pharao Ahmose II. Andere Szenen zeigen, wie Osiris von seinen Schwestern beweint wird. Auf einer anderen Wand stehen die Namen verschiedener Gottheiten. Zur Rechten des Eingangs bietet ein Priester dem Gott Osiris Opfergaben dar. In der zweiten Szene an dieser Wand steht der Pharao vor Thoth; ein Wandgemälde im Westen setzt diese Begegnung durch eine Opferszene fort. Hinter dem Pharao steht der mumifizierte Osiris.

Die dritte Kapelle ist ein großer Raum mit zwei einander gegenüberliegenden Portalen aus Sandstein- und Doleritblöcken. Diese Kapelle war offensichtlich eine Verehrungsstätte für Bes, denn an einer Wand befindet sich ein großes Bes-Relief, dessen untere Hälfte gut erhalten ist. Die vierte Kapelle, auch von Zed-Khonsu-efankh erbaut, besteht aus Lehmziegeln und Stein und scheint nicht bemalt worden zu sein, es existiert nur ein Relief von Ahmose II. mit Khnum und Horus.

Bei dieser Ausgrabungsstätte fanden wir eine knapp neun Zentimeter große Fayence-Statuette der Isis, die Horus im Schoß hält, und eine Statuette von Sechmet mit der

Der Alexander-Tempel in der Nähe des Tals der goldenen Mumien, der einzige ägyptische Tempel, der dem griechischen Feldherrn gewidmet ist

Durch einen langen Korridor gelangten die Gläubigen an mehreren Seitenräumen vorbei in das Heiligtum

schützenden Sonnenscheibe hinter sich. Beide könnten an Halsketten getragen worden sein. Auch zwei Skarabäen wurden entdeckt; auf der Unterseite des einen ist ein Mann abgebildet, der einen Stock schwingt, als verteidige er sich. Andere interessante Stücke waren eine kleine Seth-Figur mit Eselskopf und ein Udjat-Amulett.

Als Ahmed Fakhri seine Grabungen beendet hatte, schrieb er: «Es besteht kein Zweifel, dass die Gräber der anderen Familienmitglieder noch im Sand verborgen sind, entweder unter den Häusern von El Bawiti oder in den Felswänden der Umgebung. Es wäre interessant, eines Tages das Grab von Zed-Khonsu-efankh zu finden.» Wenn die drei Grabstätten den Wohlstand der Familie zutreffend spiegeln und wenn die Gräber, die Fakhri erwähnt, noch nicht geplündert worden sind, könnte es in der Tat zu einer spektakulären Entdeckung kommen. Ich glaube, wir stehen kurz davor.

Der Tempel Alexanders des Großen Die Oase Bahariya beherbergt den einzigen Tempel in ganz Ägypten, der Alexander dem Großen gewidmet ist. Ganz zufällig entdeckte Ahmed Fakhri seine verstreuten Überreste, als er eigentlich nach einer Stele von Thutmosis II. suchte, die er nie gefunden hat. An seinem letzten Tag in Bahariya stand er auf einem von Steinen umgebenen Sandhügel, unter dem er einen Tempel aus dem Neuen Reich vermutete. Er machte sich Notizen, aber da seine Geldmittel erschöpft waren, musste er die Ausgrabungen verschieben. Erst 1942 konnte er wieder zurückkehren und entdeckte Sandsteinblöcke mit den Kartuschen Alexanders des Großen.

Als Alexander im Oktober 332 v. Chr. die ägyptische Grenze erreichte, lagerten er und seine Soldaten vor El Farama im Sinai, das von einer kleinen ägyptischen Garnison geschützt war. Der persische Herrscher Ägyptens konnte nur noch wenige Soldaten zu seiner eigenen Verteidigung aufbieten und ergab sich schließlich. Nun zog Alexander mit seiner Armee nach Memphis, wo er dem heiligen Apis-Stier opferte und sich bei einer Zeremonie zum König krönen ließ. Ägypten feierte ihn als Befreier.

Herodot berichtet, Alexander sei anschließend zur Insel Pharos gereist und habe unterwegs die alte Küstensiedlung Raqote ausgewählt, um an dieser Stelle eine neue Stadt zu errichten, ein Zentrum griechischer und ägyptischer Kultur – das heutige Alexandria. Danach zog er in die Oase Siwa, um sich vom Amun-Orakel bestätigen zu lassen. Von allen Leistungen Alexanders halte ich diese für die bemerkenswerteste – er führte seine Armee mit wenig Wasser durch die Wüste, nur um Amun seinen Respekt zu zollen und einen Weisen zu konsultieren. Es heißt, der Amun-Priester habe Alexander das Heiligtum nur in Zivilkleidung betreten lassen und den Eroberer dann als seinen Sohn begrüßt. Alexander verstand die Geste erst nicht, doch dann erklärte man ihm, er sei als Sohn des Gottes Amun akzeptiert worden, worauf er antwortete: «Ich nehme diesen Titel an, mein Vater.» Nachdem er das Gottkönigtum von Amun erhalten hatte, durfte sich der Mazedonier als rechtmäßiger Pharao Ägyptens betrachten. Als ehemaliger Schüler von Aristoteles war Alexander klug genug zu begreifen, dass die alten Götter den Ägyptern viel bedeuteten und dass niemand sie mehr verletzt hatte als die Perser, die ihren heiligen Apis-Stier geschlachtet hatten. So fasste er den weisen Entschluss, die ägyptischen Götter, Rituale und Feste zu respektieren. Auf diese Weise eroberte er nicht nur das Land, sondern auch die Herzen der Bewohner.

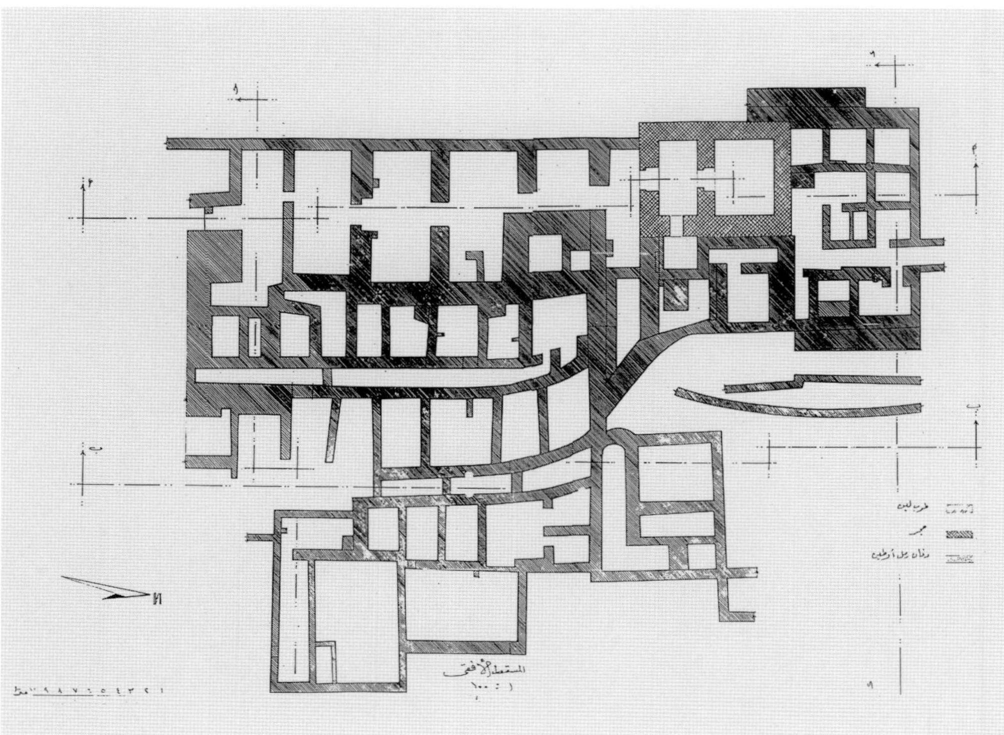

Grundriss des Alexander-Tempels

Ich bin überzeugt, dass Alexander der Große auf dem Rückweg von Siwa nicht die Route über Mersy-Matruh nahm, sondern eine Abkürzung durch die Wüste, und zwar auf derselben Straße, die heute noch existiert und die durch Bahariya führt. Im Grunde gibt es für die Existenz des Tempels keine andere plausible Erklärung. Ich sah ihn 1977 zum ersten Mal und kam dann 1993/1994 zurück, um ihn weiter freizulegen. Dabei entdeckten wir ganz neue Räumlichkeiten. Der Alexander-Tempel ist einer der größten Tempel der Oase und besteht aus mindestens 45 Räumen. Er liegt etwa fünf Kilometer westlich von El Qasr und war früher von Süden her durch ein Tor zu erreichen. Als Baumaterial dienten mit Sandstein verkleidete Lehmziegel. Die Ruine liegt auf einem Hügel, von dem aus man das Tal der goldenen Mumien überblickt. Der Bau ist von kleineren Lagerräumen und Häusern umgeben, in denen sich vermutlich die Tempelwächter und Priester aufhielten. An der Ostseite liegt ein Gebäude, das administrativen Zwecken gedient haben könnte; nur zwei seiner Kammern waren mit großen Kalksteinblöcken überdacht, auf denen griechische Malereien zu erkennen sind, die aber leider unleserlich geworden sind.

Rechts vom Eingang befindet sich ein halb zerstörtes Relief mit dem Unterkörper zweier Personen, die sich gegenüberstehen. Es könnte Alexander als Pharao darstellen, der den Göttern opfert. Auf der Nordwand des zweiten Raums sieht man den unteren Teil einer Wandmalerei, die durch Geröll verdeckt war und deshalb in ihrer Farbenpracht erhalten blieb. Alexander bringt Horus und Isis, ausgestattet mit Zepter und *ankh*, zwei Gefäße dar. Hinter Alexander schreitet ein Priester in einem langen weißen Gewand, der Weihrauch und eine Art Werkzeug in den Händen hält. Vor ihnen steht ein mit Brot, Fleisch, Gurken, Granatäpfeln, anderem Obst und Salbentöpfchen beladener Opfertisch. Auf einem anderen Gemälde bietet der Pharao Amun Weihrauch dar; ihm folgen, ebenfalls mit Weihrauch, der Gouverneur und oberste Priester der Oase. Schwach erkennbar sind noch die Reste eines Opfertisches mit Brot, Fleisch, Gemüse, Likör und Blumen, neben dem Amun mit einem Gefolge von Göttinnen steht. Eine von ihnen könnte Amuns

Vertiefte Reliefs auf der Wand des Heiligtums zeigen Alexander den Großen vor Amun

Alexander der Große opfert dem Gott Amun, einem der Hauptgötter der Oase, dem sein Tempel geweiht ist

Gemahlin Mut sein. Auf einem der Blöcke fanden sich zwei Kartuschen mit den beiden Namen Alexanders: sein Thronname Setp n Ra Mery Amun und sein Geburtsname Alexander. Aus anderen Inschriften, die Fahkri beschrieben hatte, geht hervor, dass der Tempel den beiden Hauptgöttern Amun und Horus geweiht war.

Außerhalb des Tempels stand ein großer Altar aus rotem Granit, einem Material, das es in der Oase nicht gibt. Es muss aus dem Niltal nach Bahariya befördert worden sein. Wenn man sich die Entfernung vorstellt, ist man beeindruckt, welchen Einsatz die alten Ägypter zeigten, sobald es um ihre spirituellen Praktiken ging.

Im Innenraum fanden sich griechische, römische und koptische Tonscherben, bemalte Vasen, Fragmente von Bronzestatuen und Amulette aus der Ptolemäerzeit. Im Tempel-

gang entdeckten wir eine kleine Statue des Ra-Priesters und im Freien Münzen aus dem fünften und sechsten Jahrhundert n. Chr. Semitische Töpferwaren aus Asien mit rechteckigen Mustern und menschlichen Figuren sowie Tonscherben und Lampen aus der koptischen Periode deuten darauf hin, dass der Tempel bis ins zwölfte Jahrhundert bewohnt war. Einige der Kammern dienten anscheinend bis ins Mittelalter als Wohnräume.

Weiterhin entdeckten wir eine weibliche Bronzefigur, die Alexanders Frau darstellen könnte. Ein Stein mit dem Abbild einer geflügelten Sonnenscheibe ist wahrscheinlich aus dem Tempelportal herausgebrochen worden. Vielleicht erhalten wir bei weiteren Grabungen doch noch den Beweis, dass Alexander persönlich Bahariya besucht hat.

Im Jahr 323 v. Chr. starb Alexander. Nachdem man ihn in Babylon nach ägyptischen

Der Autor untersucht Tonscherben aus dem Alexander-Tempel, um zu prüfen, wie lange der Tempel nach der Römerzeit noch weiter benutzt wurde

Techniken mumifiziert hatte, wurde er in einen goldenen Sarg gelegt und in einer großen Prozession nach Griechenland überführt. Als König mazedonischer Herkunft hätte er ein traditionelles Begräbnis in Aegae bekommen sollen, doch sein Nachfolger Ptolemäus ließ ihn stattdessen nach Ägypten bringen und in der Hauptstadt Alexandria bestatten. In dieser küstennahen Nekropolis, die er selbst geplant hatte, lag sein mumifizierter Leichnam während der Regierungszeit der Ptolemäer, bis die Stadt von den Römern erobert wurde. Die genaue Lage seiner Grabstätte ist seither nicht mehr bekannt. Manche Forscher glauben, er liege noch unter der Nebi-Daniel-Moschee in Alexandria, aber dort wären umfangreiche Ausgrabungen zu riskant.

15 Drei wieder entdeckte Gräber

Der Sandstein zerbröckelte unter meinen Händen, als ich durch einen Durchgang in die erste Grabkammer der Ta-Nefret-Bastet kroch. Sie gehört zu einer Gruppe von Gräbern aus der 26. Dynastie, die wir in einem Wohngebiet bei El Bawiti freigelegt hatten. In Nebengebäuden waren römische Mumien übereinander gestapelt, geschwärzt vom Harz, deren Leinenbinden so zerfallen waren, dass sie ihre Knochen freigaben. Diese höhlenartigen, unterirdischen Kammern wurden etwa 500 v. Chr. unbeholfen und scheinbar in aller Eile in den Fels gehauen. Da wir gerade erst mit den Ausgrabungen begonnen hatten, musste ich, um in die Nebenräume zu gelangen, vorsichtig über römische Sarkophagdeckel steigen, die Grabräuber am Boden liegen gelassen hatten. Jener Tag im Oktober 1999 unterschied sich in nichts von jedem anderen. Ich war früher an den Grabungsort gefahren, um den Tag zu planen, und bemerkte unter einer der Mauern einen Spalt, den ich noch nicht gesehen hatte. Ich bekam Herzklopfen vor Aufregung.

Als Fakhri 1947 diese drei Gräber gefunden hatte, war er in Eile, weil er noch möglichst viel Gelände erforschen wollte. Deshalb beschrieb er die Gräber nur kurz und ließ sie unter dem Sand. Zu jener Zeit herrschten schwierige politische Verhältnisse, und wichtige Ausgrabungsstätten wurden vergessen, weil immer neue Personen die entscheidenden Ämter besetzten.

Deshalb ahnte ich schon, dass es mit diesen Gräbern möglicherweise mehr auf sich hatte, als aus Fakhris Bericht hervorging. Wir hatten alles freigelegt, was Fakhri damals beschrieben hatte, und die Wand, vor der ich mich jetzt befand, bestand offensichtlich nicht aus durchgehendem Fels, deshalb konnte dahinter durchaus noch ein weiterer Raum liegen – vielleicht, wenn ich Glück hatte, ein weiteres intaktes Grab!

Man mag sich wundern, dass in so bekannten Gegenden immer noch unentdeckte Gräber existieren, aber nach Fakhris Abreise 1950 hatte es in El Bawiti keinen Inspektor mehr gegeben, und die Einwohner hatten rasch Häuser über den Grabstätten gebaut, weil sie selbst Schätze heben und verkaufen wollten, um in wirtschaftlich schwierigen Zeiten ihre Familien zu ernähren. Erst 1951 wurde ein Gesetz zum Schutz von Monumenten erlassen, trotzdem gab es lange niemanden, der seine Einhaltung überwachte.

Als ich 1977 Inspektor von Bahariya wurde, hatte auch ich noch nie von diesen Gräbern gehört. Ich kannte die Stelle nur, weil dort für Sheikh Sobi, einen Sufi-Meister, der für seine Wundertaten bekannt war, ein Ehrengrabmal errichtet worden war, zu dem auch heute noch die Frommen pilgern.

Ein unvollendeter römischer Kalksteinsarkophag in der Grabkammer des Thaty

Seite 202: Detail des Wandgemäldes aus dem Grab des Thaty

Im September 1999 erzählte ein Einheimischer Ashri Shaker, dass fünf junge Männer aus dem Ort heiraten wollten. Sie brauchten Häuser, hatten aber kein Geld, deshalb hatte jemand aus dem Dorf ihnen vorgeschlagen, sie sollten unter den Häusern beim Denkmal graben, dort könnten sie alte Gegenstände finden und gegen gutes Geld verkaufen. Ashri Shaker belohnte den Mann und berichtete mir die Geschichte. Dann bezog er mit einem seiner Mitarbeiter hinter den Häusern seinen Posten und wartete zwei Wochen lang jede Nacht auf die jungen Männer. Doch die waren wohl gewarnt worden und tauchten nie auf. So begannen wir selbst zu graben und fanden in ungefähr sieben Metern Tiefe die drei Gräber von Ped-Ashtar, Thaty und Ta-Nefret-Bastet, die Fakhri erwähnt hatte. Tonscherben lagen herum, als hätte sie schon jemand in der Hand gehabt, aber es sah nicht so aus, als hätten die Menschen, die über den Gräbern wohnten, viel Nutzen aus ihnen gezogen, denn sie waren schon in römischer Zeit geplündert worden. Fakhri hatte nur 17 kleine Amulette und zwei Kopfstützen entdeckt. Die ehelustigen jungen Männer hatten Glück gehabt, dass sie sich nicht auf Grabräubereien einließen, denn sonst wären sie für fünf Jahre im Gefängnis gelandet.

Schon 1947 waren diese Gräber in keinem erstklassigen Zustand mehr gewesen, und

Die Ausgrabungsstätte in El Bawiti, wo moderne Wohnhäuser abgerissen und Anwohner umgesiedelt wurden, damit weitere Grabstätten aus der 26. Dynastie freigelegt werden können

Unten: Anubis, der Herr des Friedhofs, bringt im Grab des Ped-Ashtar dem Verstorbenen Gaben dar

seither hat die Feuchtigkeit aus den über den Gräbern stehenden Häusern die Wandmalereien beschädigt, sodass wir uns in vielerlei Hinsicht auf Fakhris Beschreibungen verlassen müssen.

Das Grab des Ped-Ashtar Die drei aneinander grenzenden Gräber erreicht man, indem man durch einen Schacht ein höhlenartiges Labyrinth aus abgerundeten Räumen betritt. Das erste Grab gehört einem Mann namens Ped-Ashtar, der während oder kurz vor der Regierungszeit König Apries' (589–570 v. Chr.) lebte. Er war der Großvater von Zed-Khonsu-efankh, dem Gouverneur von Bahariya, dessen Grabstätte vermutlich in der Nähe liegt. Ped-Ashtar war Hohepriester von Khonsu und Horus-Priester wie sein Vater Harkheb. Der Vater seiner Frau Ta-Nefret-Bastet war der Prophet Pedisi. Der ungewöhnliche Name Ped-Ashtar bedeutet «Geschenk der Ashtar», und Ashtar ist eine syrische Göttin. Dass ein Priester ihren Namen trug, weist darauf hin, wie stark die ägyptische Kultur in der dritten Zwischenzeit und der Spätzeit den Einflüssen der Eroberer ausgesetzt war.

Dies ist das zweitälteste Grab in Bahariya nach dem des Amenhotep Huy. Seine drei Kammern, die Halle mit den vier Säulen und die Gewölbedecken waren einst mit Szenen bemalt, die die Tages- und Nachtstunden sowie die 42 Götter beim Todesgericht darstellten. Aus Fakhris Notizen wissen wir, dass einige der Gemälde von der üblichen Ikonografie abwichen, wodurch wir auf Veränderungen im kultischen Leben schließen können.

In früheren Versionen des *Totenbuches* beispielsweise hatten Pe und Nekhen, zwei Städte in Mittelägypten, je drei Seelen. Im Grab des Ped-Ashtar wird jedoch nur auf zwei Seelen verwiesen, im Grab des Thaty jedoch auf vier. Auch bei den Namen der acht Götter von Ashmunein fällt Ungewöhnliches auf: Amun und Amaunet werden durch Nun und

Naunet ersetzt. Im Ägypten der Pharaonen wurde Osiris meist von seiner Frau und Schwester Isis und von Nephtys beweint. In vielen Grabstätten in Bahariya traten Mert und Wadjyt an die Stelle dieser traditionellen Gottheiten.

Die vertraute Szene, in der Maat Ped-Ashtar dem Gott Osiris vorstellt, wird durch ein atypisches Element ergänzt – lange Siphons oder Schläuche führen von einem Gefäß auf dem Tisch zu einem anderen Gefäß darunter. Historiker nehmen an, dass dieses bemerkenswerte Gerät in der 18. Dynastie durch die Syrer nach Ägypten gebracht wurde, weil es vorher nirgendwo abgebildet war.

Die Ehefrau Ped-Ashtars wird von Horus begleitet

Das Grab des Thaty Durch einen Durchbruch in der Nordwand erreicht man die Grabstätte des Thaty. Er war Ped-Ashtars Enkel und Sohn des Pedisi. Die Inschriften in der Säulenhalle und den beiden Kammern nennen Thatys Titel und Abstammung, auf Wandgemälden sind Opfergaben für Osiris, das Totengericht, die Fahrt mit der Sonnenbarke und die Reise des Mondes dargestellt. Thatys Herkunft wird in dem Text der Inschrift liebevoll nachgezeichnet, die sich wie ein Familienstammbaum von Priestern liest: «Thaty, Khonsu-Priester und Priester von Amun-Horu-Khonsu, Thaty, Sohn des Pedisi, Sohn des Ped-Ashtar, Sohn des Harkheb, geboren von N'as.»

In einer Szene sieht man, wie Thatys Frau Ta-Nefret-Bastet und ihre Tochter die Arme zum Gebet für den Verstorbenen erheben; beide Frauen tragen höchst eigenwillige Kleidung. Im Alten Reich trugen Ägypterinnen stets weiße Leinenkleider, die eine Brust frei ließen. Im Neuen Reich waren die Kleider eng anliegend und bunt gemustert und bedeckten beide Brüste. Hier und im Grab des Zed-Amun-efankh tragen die Ehefrauen auf den Abbildungen fremdländische Gewänder mit Fransen und einen langen Schal, der über Brust und Rücken herabhängt. Einige Frauen hüllen sich in ärmellose Umhänge.

Fransengewänder erscheinen gelegentlich bei früheren Darstellungen libyscher Frauen, aber diese Variante kennen wir nur aus der phönizischen und griechischen Kultur. Wir können deshalb annehmen, dass Angehörige der wohlhabenden Priesterfamilien aus Bahariya in ausländische Kaufmannsfamilien, vermutlich griechische, eingeheiratet haben. In der Spätzeit, als sich der griechische Einfluss weiter durchsetzte, wurden Kleider mit Fransen auch im Niltal immer beliebter.

Fakhri fand acht Sarkophage in zwei Kammern, die für römische Bestattungen wieder verwendet und später in der Neuzeit geplündert worden waren. Die Sarkophage wurden auf einer Sandrampe in die Kammer hinabgesenkt. Dies geschah durch einen abschüssigen Seitentunnel, der dann wieder zugeschüttet wurde. In der Wand zu Ped-Ashtars Grab ist ein Loch, das Grabräuber in eine Scheintür geschlagen haben. Man erkennt auf dem Wandgemälde immer noch die typischen Stadien einer Mumifizierung durch Anubis, obwohl der Gips von der Wand abblättert. Die Reinigung des Verstorbenen findet vor dem paviangestaltigen Thoth statt, und Isis stillt ihren Sohn Horus. An der Mumie des Verstorbenen erkennt man eine Erektion – ein Zeichen seiner Wiederbelebung im Jenseits. Die einzigen Artefakte sind einige Osiris-Statuetten aus Fayence und zwei Kanopen mit Anubis-Köpfen.

Detail des Wandgemäldes (unten) mit weiblichen Gottheiten, die den Verstorbenen tragen

Unten: Im Grab des Thaty, Ped-Ashtars Enkel, sieht man den löwenköpfigen Amun-Min mit einer Erektion, die Fruchtbarkeit und Wiedergeburt symbolisiert; ihm folgt eine Prozession weiblicher Gottheiten mit der Mumie auf dem Weg ins Jenseits

Thaty trägt Wassereimer zu einem mit Brotlaiben beladenen Opfertisch; mehrere Gottheiten wohnen der Szene bei

Das Grab der Ta-Nefret-Bastet Ta-Nefret-Bastet war Thatys Frau, «Tochter des Pedisi, geboren von N'as», wie die Inschriften lauten, die Fakhri entziffern konnte. In ihrer eigenen Grabkammer sieht man sie in denselben Fransengewändern wie im Grab ihres Mannes. Zwar trägt sie das traditionelle schwarze Kopftuch der Ägypterin, doch die rosige Haut und die schwarzen Augen lassen vermuten, dass sie aus einer phönizischen oder griechischen Familie stammen könnte. Ihr Grab, das dicht hinter dem Thatys liegt, ist unvollendet. Wir wissen nicht, warum sie überhaupt in einem separaten Grab bestattet worden ist.

Bei diesem Grab entdeckte ich an jenem Oktobertag 1999 den Felsspalt. Meine Neugier siegte über die Vernunft und ich wartete nicht, bis meine Arbeiter eine größere Öffnung angelegt hatten. Zur Sicherheit holte ich Mohammed Tiyab, der die Ausgrabung leitete,

Das einzige erhaltene Wandgemälde im Grab der Ta-Nefret-Bastet, Ehefrau von Ped-Ashtar, zeigt die Verstorbene in einem weißen Gewand. Sie wird von der Göttin Isis zu Osiris geführt

Unten: Unvollendete Kalkstein-Sarkophage wurden in römischer Zeit in den Korridoren hinter den Gräbern von Ped-Ashtar und Ta-Nefret-Bastet abgestellt

dann schlängelte ich mich bäuchlings über den roten Sandstein. Auf der anderen Seite versuchte ich aufzustehen, aber der Raum war nur etwas über einen Meter hoch. Als wir den Raum mit einer Taschenlampe ausleuchteten, sahen wir als Erstes zwei Gestalten mit roten Haaren, roten Kleidern und roten Gesichtern – uns selbst!

Der Raum schien etwa drei Meter lang zu sein. Die Decke war gewölbt und mit Göttern und Göttinnen aus dem *Totenbuch* farbig dekoriert. Wir waren sehr aufgeregt, denn wir hatten ein Grab entdeckt, das weder geplündert noch durch Wassereinbrüche beschädigt worden war. Als ich mich umschaute, entdeckte ich ein Loch in der Westwand. Hätte Fakhri es gefunden, hätte er es sicher erwähnt, deshalb musste es nach 1950 auf natürliche Weise entstanden sein. Ich lugte hindurch, und Mohammed fragte immer wieder: «Was sehen Sie, was sehen Sie denn?»

Ohne es zu wollen, antwortete ich mit den Worten Howard Carters: «Wunderbare Dinge ... wunderbare Dinge.» Dann beschrieb ich ihm alles im Detail. Dieser zweite Raum im vierten Grab war etwa sechs Meter lang und 1 Meter 80 breit und enthielt einen großen Steinsarkophag mit abgerundetem Deckel. Anders als in den anderen Grabkammern lag dieser Deckel nicht am Boden. Es handelte sich offensichtlich um ein

Bemaltes Relief der geiergestaltigen Göttin Nechbet, die mit ihren ausgestreckten Schwingen den Eingang der neu entdeckten Grabkammer bewacht

unberührtes Grab mit einem großen anthropoiden Sarg, der von Tongefäßen und Artefakten umgeben war, die ich nicht erkennen konnte, weil sie zum Teil unter dem Sand begraben waren. Wessen Grab war das? Wie viele Räume mochten hinter diesem liegen?

In solchen Augenblicken fällt es schwer, ruhig zu bleiben. Was sollte ich tun? Wie es aussah, lag der wirkliche Eingang zu der Grabkammer über uns, direkt unter modernen Wohnhäusern. Nach einer Stunde beschloss ich, am nächsten Tag wiederzukommen.

Da sich herausstellte, dass wir an das neu entdeckte Grab nur herankommen würden, indem wir zehn der zwanzig Wohnhäuser zerstörten, trafen Ashri Shaker und ich uns mit den Hausbesitzern. Die Oasenbewohner sind sehr arm, aber sehr freundlich. Im Laufe der Diskussion stellte sich heraus, dass ihnen das Land, juristisch gesehen, gar nicht gehörte und dass sie deshalb keine staatlichen Entschädigungen bekommen würden, falls ihre Häuser abgerissen würden. Ich bat Ashri, alle Namen und die Größe der Häuser zu notieren, und schrieb dann einen Bericht für die Zentralverwaltung für antike Funde, in dem ich um eine Abrissgenehmigung unter dem Schutz der Polizei bat. Gemeinsam mit dem Bürgermeister von Bahariya überlegte ich, wie wir den Hausbesitzern helfen könnten. Wir beschlossen, jedem ein Stück Land zu geben. Als ich ihnen unsere Entscheidung mitteilte, dachte ich, sie würden ablehnen, aber sie schienen sehr glücklich. Ashri erklärte mir den Grund: Die meisten besaßen ohnehin noch andere Häuser in der Stadt. Eines ließen wir uns von den Behörden allerdings zusichern: Das Ehrenmal für Sheikh Sobi muss an seinem Platz bleiben.

Ich bin der festen Überzeugung, dass diese Gräber sich als wichtige Fundorte erweisen werden. Mein Archäologenteam wartet gespannt auf den Startschuss. Was liegt hinter diesen Mauern? Auf die Antwort werden wir bis zur nächsten Grabungssaison warten müssen, aber ich erwarte spektakuläre Entdeckungen. Möglicherweise finden wir sogar Mumien der lokalen Oberschicht oder der römischen Beamtenklasse, die noch reichhaltiger geschmückt sein dürften als die goldenen Mumien. Aus diesen Gründen liebe ich meine Arbeit: Es gibt noch so viel zu entdecken, und jeder Tag birgt neue Überraschungen.

Das Ehrendenkmal für Sheikh Sobi, ein islamisches Bauwerk, an dem Dorfbewohner für die Erfüllung ihrer Wünsche beten

Zeittafel

Vordynastische Zeit: ca. 5500–3100 v. Chr.

	Neolithikum: Landwirtschaft, Domestizierung von Tieren und erste Siedlungen. Einfache Tongefäße, Gold- und Kupferarbeiten. Provinzfürsten

Frühdynastische Zeit: ca. 3100–2686 v. Chr.

(1. und 2. Dynastie)	Vereinigung unter einem Herrscher (Narmer); Memphis wird Hauptstadt. Königsgräber bei Abydos und Saqqara

Altes Reich: ca. 2686–2181 v. Chr.

3. Dynastie (ca. 2686–2613)	
Sanakht	Stufenpyramide von Saqqara
Djoser	
Sekhemkhet	
Khaba	
Huni	
4. Dynastie: (ca. 2613–2494)	Pyramiden von Giza
Sneferu	
Cheops	
Djedefra	
Chefren	
Mykerinos	
Shepseskaf	
5. Dynastie (ca. 2465–2325)	Pyramiden und Sonnentempel in Abu Sir und Saqqara *Pyramidentexte*
Userkaf	
Sahura	
Neferirkara	
Shepseskara	
Raneferef	
Nyuserra	
Menkauhor	
Djedkara	
Unas	
6. Dynastie (ca. 2325–2150)	Anfänglich starke Dynastie, dann jedoch Niedergang während der Regierungszeit von Pepi II.; Pyramiden von Saqqara
Teti	
Userkara	
Pepi I.	
Merenra	
Pepi II.	
Nitiqret	

Erste Zwischenzeit: ca. 2181–2055 v. Chr.

7.–10. Dynastie	Zerfall der zentralen Gewalt; das Land wird von Provinzfürsten beherrscht; Hungersnöte und Armut

Mittleres Reich: ca. 2055–1650 v. Chr.

11. Dynastie (2055–1985)	Wiedervereinigung Ägyptens unter thebanischer Vorherrschaft
Mentuhotep II.	
Mentuhotep III.	
Mentuhotep IV.	
12. Dynastie (1985–1795)	Mächtige Zentralregierung; Hauptstadt ist Lischt
Amenemhet I.	
Senwosre I.	
Amenemhet II.	
Senwosre II.	
Amenemhet III.	
Amenemhet IV.	
Sobekneferu	
13. Dynastie (1795–nach 1650)	Schnelle Folge wechselnder Herrscher; Verfallserscheinungen im Land

Zweite Zwischenzeit: ca. 1650–1550 v. Chr.

14. Dynastie (1750–1650)	Könige von geringerer Bedeutung
15. und 16. Dynastie	Die asiatischen Hyksos herrschen im Delta
17. Dynastie (1650–1550)	Die thebanische Dynastie leitet die Wiedervereinigung ein
Intef	
Taa I. (Senakhtenra)	
Taa II. (Seqenenra)	
Kamose	

Neues Reich: ca. 1550–1069 v. Chr.

18. Dynastie (1550–1295)	Wiedervereinigung des Landes und Vertreibung der asiatischen Herrscher; Periode der größten räumlichen Ausdehnung; Theben (Luxor) wird Königsresidenz
Ahmose	
Amenhotep I.	
Thutmosis I.	
Thutmosis II.	
Thutmosis III.	
Hatschepsut	
Amenhotep II.	
Thutmosis IV.	
Amenhotep III.	
Amenhotep IV. (Echnaton)	
Tutenchamun	
Ay	
Horemheb	

19. Dynastie (1295–1186) Ramses I. Seti I. Ramses II. Merenptah Amenmessu Seti II. Saptah Tausret	Nach der erfolgreichen Regierungszeit Ramses II. wird der Wohlstand durch eine Invasion von Seevölkern aus dem Norden bedroht
20. Dynastie (1186–1069) Setnakhte Ramses III.–XI.	Ökonomischer Niedergang; schwache Könige; Streiks der Beamten und Arbeiter

Dritte Zwischenzeit: ca. 1069–747 v. Chr.

21. Dynastie (1069–747) Smendes Amenemnisu Psusennes I. Amenemope Osorkon der Ältere Siamun Psusennes II.	
22. Dynastie (945–715) Sheshonq I. Osorkon I. Sheshonq II. Takelot I. Osorkon II. Takelot II. Sheshonq III. Pimay Sheshonq IV. Osorkon III.	Politische Teilung Ägyptens
23. und 24. Dynastie (818–715)	Ägypten wird von Provinzfürsten beherrscht

Spätdynastische Zeit: ca. 747–332 v. Chr.

25. Dynastie (747–656) Piy Shabaqo Shabitqo Taharqo Tanutamani	Vereinigung Ägyptens unter den Kuschiten; neue kulturelle Blütezeit kündigt sich an
26. Dynastie (664–525) Psamtek I. Nekau II. Psamtek II. Apries Ahmose II. Psamtek III.	Dynastie der Saiten
27. Dynastie (525–404) Cambyses Darius I. Xerxes I. Artaxerxes I. Darius II. Artaxerxes II.	Ägypten wird vom persischen Reich annektiert
28.–30. Dynastie Amyrtaios Nepherites I. Hakor Nepherites II. Nectanebo I. Teos Nectanebo II.	Die letzten einheimischen Pharaonen; kulturelle Renaissance, aber politischer Verfall
31. Dynastie (343–332) Artaxerxes III. Arses Darius III.	

Griechisch-römische Zeit: 332 v. Chr.–395 n. Chr.

Mazedonische Dynastie (332–305)	Alexander der Große herrscht bis zu seinem Tod im Jahre 323, nach ihm begründen mazedonische Herrscher die Ptolemäische Dynastie; Griechisch wird zur Landessprache erklärt
Ptolemäische Dynastie (305–30) Ptolemäus I.–XV.	Die letzte Ptolemäerkönigin Kleopatra VII. heiratet den Römer Mark Anton, der von Octavian (später Augustus) besiegt wird
Römische Zeit (30 v. Chr.–395 n. Chr.)	Kaiser Augustus ernennt sich 30 v. Chr. selbst zum Pharao; Ägypten ist nicht mehr römische Provinz, sondern kaiserliches Eigentum

Bibliografie

Aldred, Cyril. *New Kingdom Art in Ancient Egypt During the Eighteenth Dynasty 1570–1320 b.c.* rev. ed. London, 1961

–, *Jewels of the Pharaohs: Egyptian Jewelry of the Dynastic Period.* London, 1971

–, *Egyptian Art in the Days of the Pharaohs, 3100-320 b.c.* London, 1980

Allen, James P. *Genesis in Egypt: The Philosophy of Ancient Egyptian Creation Accounts.* Yale Egyptological Studies 2. New Haven, 1988

Andrews, Carol. *Egyptian Mummies.* London: British Museum Press; Cambridge, Mass., 1984

–, *Amulets of Ancient Egypt.* London, 1994

Assmann, Jan. *Weisheit und Mysterium. Das Bild der Griechen von Ägypten.* München: C. H. Beck, 1996

Badawy, Alexander. *A History of Egyptian Architecture.* 3 vols. Berkeley, Calif., 1954–68

Bagnall, Roger S. *Egypt in Late Antiquity.* Princeton, 1993

Beadnell, Hugh John Llewellyn. *An Egyptian Oasis.* London, 1909

Beckerath, Jürgen von. *Chronologie des pharaonischen Ägyptens.* Mainz: von Zabern, 1997

Bell, B. *The Oldest Records of the Nile Floods.* London, 1970

Belzoni, Giovanni Battista. *Narrative of the Operations and Recent Discoveries in Egypt and Nubia.* London, 1820

Berry, A. C., und R. J. Berry. *Origins and Relations of the Ancient Egyptians.* New York, 1973

Bierbrier, M. L., ed. *Portraits and Masks: Burial Customs in Roman Egypt.* London, 1997

Birch, Samuel. *The Mummies of Deir-el-Bahari.* London, 1881

Bleeker, Claas Jouco. *Hathor and Thoth: Two Key Figures of the Ancient Egyptian Religion.* Leiden, 1973

Boardman, John. *The Greeks Overseas: Their Early Colonies and Trade.* rev. ed. New York, 1980

Bowman, Alan K. *Egypt After the Pharaohs: 332 b.c.–642 a.d. from Alexander to the Arab Conquest.* Berkeley, Calif., 1986

Brier, Bob. *Egyptian Mummies: Unraveling the Secrets of an Ancient Art.* New York, 1994

–, *The Encyclopedia of Mummies.* New York, 1998

–, *Der Mordfall Tutanchamun. Eine wahre Geschichte.* München: Piper, 2000

Brooklyn Museum. *Egyptian Sculpture of the Late Period, 700 b.c.–100 a.d.* Brooklyn, 1960

–, *Cleopatra's Egypt: Age of the Ptolemies.* Brooklyn, 1988

Bucaille, Maurice. *Mummies of the Pharaohs: Modern Medical Investigations.* Maurice Bucaille and Alastair D. Pannell, trans. New York, 1989

Clayton, Peter A. *Chronicle of the Pharaohs: The Reign-by-Reign Record of the Rulers and Dynasties of Ancient Egypt.* London, 1994

–, *Die Pharaonen.* München: Econ, 1995

D'Auria, Sue, Peter Lacovara, und Catherine H. Roehrig, eds. *Mummies and Magic: The Funerary Arts of Ancient Egypt.* Boston, 1988

David, Ann R., and Edmund Tapp, eds. «The History of Mummification», in *The Mummy's Tale: The Scientific and Medical Investigation of Natsef-Amun, Priest in the Temple of Karnak.* New York, 1993

Doxiadis, Euphrosyne. *The Mysterious Fayum Portraits: Faces from Ancient Egypt.* London/New York, 1995

–, «The Mysterious Fayum Portraits» in B. Borg, ed. *Mumien: Portrait, Chronologie und kultureller Kontext.* Mainz, 1996

DuQuesne, Terence. *At the Court of Osiris: Book of the Dead Spells.* London, 1994

–, «Seth and the Jackals in Studies Dedicated to the Memory of J. Quaegabeur», OLA 83 (1998)

Edgar, Campbell Cowan. *Greco-Egyptian Coffins, Masks and Portraits in Catalogue General des Antiquités Egyptiennes du Musée de Caire.* Cairo, 1905

Edwards, I. E. S., und Alan Wynn Shorter, eds. *A Handbook to the Egyptian Mummies and Coffins Exhibited in the British Museum.* London, 1938

Fakhry, Ahmed. «Bahria and Farafra Oases, Preliminary Reports on New Discoveries», ASAE (1938, 1939, 1940)

–, «Die Kapelle aus der Zeit des Apries in der Oase Bahria», in Archiv für Ägyptische Archäologie. Wien, 1938

–, «A Temple of Alexander the Great at Bahria Oasis», ASAE, 1940

–, *Bahria Oasis,* 2 vols. Cairo, 1942, 1950

–, *Recent Explorations in the Oases of the Western Desert.* Cairo, 1942

–, *Siwa Oasis: Its History and Antiquities.* Cairo, 1944

–, *The Necropolis of El-Bagawat in Kharga Oasis.* Cairo, 1951

–, *The Oases of Egypt.* vol. 1. Bahria and Farafra Oases. Cairo, 1973

–, *Siwa Oasis, vol. 2. Bahria and Farafra Oases.* Cairo, 1974

Flemming, Stuart, et al. *The Egyptian Mummy Secrets and Science.* Philadelphia, 1980

Forman, Werner, Stephen Quirke. *Die Macht der Hieroglyphen. Das Leben nach dem Leben im Alten Ägypten.* Stuttgart: Kohlhammer, 2000

Garstang, John. *The Burial Customs of the Ancient Egyptians.* London, 1907

Germer, Renate. *Das Geheimnis der Mumien. Ewiges Leben am Nil.* München: Prestel, 1997

Giddy, Lisa L. *Egyptian Oases: Bahariya, Dakhla, Farafra and Kharga During Pharaonic Times.* Warminster, England, 1987

Gray, Peter. «Radiography of Ancient Egyptian Mummies», Medical Radiology 43 (1967)

–, «The Radiography of Mummies of Ancient Egyptians», in *Population Biology of the Ancient Egyptians.* London, 1973

Grimm, Gunter. *Die Römischen Mumienmasken aus Ägypten.* Wiesbaden, 1974

Harris, John Richard, ed. *The Legacy of Egypt.* rev. ed. Oxford, 1971

Hassan, F. «Bahria Oasis», in *Encyclopedia of the Archaeology of Ancient Egypt,* Kathryn A. Bard, ed. London/New York, 1999

Hawass, Zahi. «Site Management and Tourism», Museum International. New York, 1997

–, *Silent Images: Women in Pharaonic Egypt.* rev. ed. New York, 2000

–, «Roman Mummies Found at Bahariya Oasis», in Jim Sauer, ed. Festschrift Semitic Museum. Cambridge, 2000

Hayes, William C. *The Scepter of Egypt: A Background for the Study of the Egyptian Antiquities in The Metropolitan Museum of Art.* rev. ed. New York, 1990

Helck, Wolfgang, Eberhard Otto. *Kleines Lexikon der Ägyptologie.* Wiesbaden: Harrassowitz, 1999

Hornung, Erik. *Conceptions of God in Ancient Egypt: The One and the Many.* John Baines, trans. Ithaca, N.Y., 1982

–, *Einführung in die Ägyptologie. Stand, Methoden, Aufgaben.* Darmstadt: Primus, 1993

–, *Geist der Pharaonenzeit.* Düsseldorf: Artemis/Patmos, 1999

–, *Die Nachtfahrt der Sonne. Eine altägyptische Beschreibung des Jenseits.* Düsseldorf: Artemis/Patmos, 1998

Ikram, Salima, und Aidan Dodson. *Royal Mummies in the Egyptian Museum.* Cairo, 1997

James, Thomas Garnet Henry. *Pharaoh's People: Scenes from Life in Imperial Egypt.* London, 1984

Kemp, Barry J. *Ancient Egypt: Anatomy of a Civilization.* London/New York, 1989

Leahy, Anthony. ed. *Libya and Egypt c. 1300–750 b.c.* London, 1990

Lewis, Naphtali. *Life in Egypt Under Roman Rule.* Oxford, 1983

–, *Greeks in Ptolemaic Egypt.* Oxford, 1986

Mekhitarian, Arpag. *Ägyptische Malerei.* Tübingen: Wasmuth, 1989

Morenz, Siegfried. *Ägyptische Religion.* Stuttgart: Kohlhammer, 1977

Nunn, John F. *Ancient Egyptian Medicine.* London, 1994

O'Connor, David, und David P. Silverman, eds. *Ancient Egyptian Kingship.* Leiden/New York, 1995

Parlasca, K. *Mumienporträts und verwandte Denkmäler.* Wiesbaden, 1966

–, *Repertorio d'Arte dell'Egitto Greco-Roman*, Palermo, 1997

Parlasca, Klaus, Hellmut Seemann. *Mumienporträts und ägyptische Grabkunst aus römischer Zeit: eine Ausstellung der Schirm Kunsthalle.* Frankfurt/München, 1999

Pestman, Pieter Wilhelm. *Marriage and Matrimonial Property in Ancient Egypt.* Leiden, 1961

Pettigrew, Thomas Joseph. *A History of Egyptian Mummies.* London, 1834

Quirke, Stephen. *The Administration of Egypt in the Late Middle Kingdom: The Hieratic Documents.* New Malden, England, 1990

–, *Altägyptische Religion.* Ditzingen: Reclam, 1996

Redford, Donald B. *History and Chronology of the Egyptian Eighteenth Dynasty in Egypt: Seven Studies.* Toronto, 1967

Romano, James F. *Death, Burial and Afterlife in Ancient Egypt.* Pittsburgh, 1990

Saleh, Mohamed, Jürgen Liepe. *Das Ägyptische Museum Kairo, Offizieller Katalog.* Mainz: von Zabern, 1986.

Schafer, Heinrich. *Principles of Egyptian Art.* Oxford, 1974

Shaw, Ian, und M. Sidarous. «L'Oasis El Bahrieh», in *Congrès International de Géographie.* Cairo, 1926

Shaw, Ian, Paul Nicholson. *Reclams Lexikon des alten Ägypten.* Ditzingen: Reclam, 1998

Silverman, David P. «The Curse of the Curse of the Pharaohs», Expedition 29, no. 2 (1987)

–, «Deities and Divinity in Ancient Egypt», in Byron E. Shafer, ed. *Religion in Ancient Egypt: Gods, Myths, and Personal Practice.* Ithaca, N. Y., 1991

Silverman, David P. *Das alte Ägypten.* München: Frederking/Thaler, 1997

Simpson, W., ed. *Religion and Philosophy in Ancient Egypt.* Yale Egyptological Studies, vol. 3. New Haven, 1989

Smith, Grafton Elliot. *The Royal Mummies.* Cairo, 1912

Spencer, A. Jeffrey. *Death in Ancient Egypt.* London, 1982

Strouhal, Eugen. *Ägypten zur Pharaonenzeit.* Tübingen: Wasmuth, 1994

Taylor, John H. *Unwrapping a Mummy: The Life, Death and Embalming of Horemkenesi.* London, 1995

Trigger, Bruce G., et al. *Ancient Egypt: A Social History.* Cambridge/New York, 1993

Troy, Lana. *Patterns of Queenship in Ancient Egyptian Myth and History.* Uppsala, 1986

Tyldesley, Joyce. *Mumien. Die Geheimnisse der Mumiengräber.* Wien: tosa, 1999

Uphill, Eric Parrington. *Egyptian Towns and Cities.* Princes Risborough, England, 1988

Van Siclen, Charles Cornell. *Wall Scenes from the Tomb of Amenhotep (Huy) Governor of Bahariya Oasis.* San Antonio, Texas, 1981

Wagner, G. «Les Oasis d'Egypte: à l'époque grècque, romaine et byzantine d'après les documents grecs», Bibliotheque d'Étude 100 (1988)

Wente, Edward F., und James E. Harris, eds. *An X-Ray Atlas of the Royal Mummies.* Chicago, 1980

Dank

Bei den Vorarbeiten zu diesem Buch wirkten viele Menschen mit, denen ich von Herzen meinen Dank aussprechen will. Als erstes möchte ich mich für die Umsicht und das organisatorische Talent von Ashri Shaker, dem Direktor der Zentralverwaltung für antike Funde in Bahariya, bedanken. Dank auch an die beiden Mohammeds – die Inspektoren Mohammed Tiyab und Mohammed Aiadi, die 1996 mit den Ausgrabungen begannen. Keinesfalls will ich Abdul Maugud, den Wächter des Alexander-Tempels, vergessen, der uns zur Fundstelle führte. Weiterhin danke ich Saleh Ali Abdul Maugud, dem Eigentümer der El Beshmo Lodge in El Bawiti, und all seinen Mitarbeitern, besonders Sobhi und Ashraf, für die Großzügigkeit und Geduld, die sie dem Ausgrabungsteam entgegenbrachten. Ich bin allen Freunden und Kollegen sehr dankbar, mit denen ich zusammengearbeitet habe und die unermüdlich Daten gesammelt und mich unterstützt haben, besonders Mansur Boriak, Mahmud Afifi, Tarek el-Awadi, Aiman Wahbi, Mohammed Ismail und Noha Abdul Hafiz. Ohne sie wäre dieses Buch nie geschrieben worden. Ich möchte meinem lieben Freund Mark Linz, dem Leiter der American University Press in Kairo danken, der das Buch zusammen mit meinem Verleger Paul Gottlieb von Harry N. Abrams, Inc., ermöglicht hat. In diesem Zusammenhang möchte ich auch Barbara Burn, meine Lektorin in New York, nennen. Meine Freunde in Ägypten, Mustafa El-Nagar, Tohfa Handussa, Shafia Bedeer, Michael Jones und John Swanson, standen mir mit Rat und Tat zur Seite – ich werde es ihnen nie vergessen. Aricia Lee half mir, dem Buch die endgültige Form zu geben. Ich schätze mich glücklich, auch von meinen amerikanischen Freunden eine so großartige Unterstützung erhalten zu haben, und danke insbesondere Julie Holmes. Zuletzt, aber nicht an letzter Stelle, nenne ich den verstorbenen Dr. Gamal Mokhtar, dessen unsterblicher Seele ich dieses Buch widme. Er förderte den ägyptischen Archäologen Ahmed Fakhri und seine Forschungen in den westlichen Oasen. Ich bin Dr. Mokhtar unendlich dankbar, dass er mir Mut gemacht hat, Archäologe zu werden, und mir mit seinem unschätzbaren Rat zur Seite stand. Er wird immer bei uns sein.

Zahi Hawass

Bildnachweis

Der Autor und der Verlag danken den folgenden Personen, die Fotos oder Skizzen für dieses Buch zur Verfügung gestellt haben. (Unten nicht aufgeführte Fotos stammen vom Autor.)

Seite 129 oben: G. Aldana © J. Paul Getty Trust; Seite 5, 6, 19, 54 oben, 60, 61 links, 62, 65 links, 83 links, 127 unten, 151: © Marc Deville; Seite 3, 8–9, 20–21, 25, 30 oben, 36 oben und links, 37, 38 unten, 41 links, 42, 47 unten, 49 links, 54 unten, 55, 63 unten, 65 oben rechts, 67, 68, 69, 70, 72 rechts, 73 links, 76 unten, 78 oben und links, 79, 80, 83 rechts, 84, 85 oben links, Mitte und unten, 86 oben rechts, 88, 92, 93, 95 unten, 96 unten, 100, 102, 104, 106, 107, 108, 109, 110, 111, 114, 115, 116, 117, 118, 123 rechts, 130, 134, 141, 148, 150, 153, 156, 161 oben, 164 oben, 167 unten, 168, 170 oben, 179 unten, 180, 195: © Kenneth Garrett; Seite 112, 152 unten, 154 unten, 164 unten: © Aricia Lee; Seite 105, 120, 124, 125, 135, 152 links, 154 oben, 173 oben, 187 rechts, 189, 191 rechts, 202, 205 unten, 207 oben, 210: © Guy Midkiff; Seite 211: © Rufus Mosley; Seite 1, 29 oben, 35 unten, 39, 40, 43, 45, 46, 47 oben und Mitte, 51, 54 rechts, 56, 58, 60 rechts, 64, 82 unten, 85 oben rechts, 86 oben links und unten, 87, 90, 95 oben, 97, 119 oben, 136, 146, 182, 191 links, 196, 198, 199, 200: © Ph. Plailly/Eurelios; Seite 123 oben, 128, 158, 161 oben: © Richie Williamson.

Namen- und Sachregister

Seitenangaben in *Kursivdruck* verweisen auf Abbildungen.